Silvia Torralba Lima

Tirar la toalla...
¿o usarla de capa?

Guía práctica para educar a niños «diferentes»

Colección
Parenting

Otros títulos publicados en Gedisa:

Historias con alma
Cuando el daño cerebral te cambia la vida
Dra. Irene de Torres García

Diamantes escondidos
11 historias de jóvenes y adultos con altas capacidades
Esther Secanilla

Supermentes
Reconocer las altas capacidades en la infancia
Esther Secanilla

Ideas para padres en apuros
Cómo ayudar a tus hijos
Joseph Knobel Freud

Ser padres, ser hijos
Los desafíos de la adolescencia
Mario Izcovich

¿Come o no come?
Los desórdenes alimentarios
Aurora Mastroleo, Pamela Pace

El niño feliz
Dorothy Corkille-Briggs

Hijos en libertad
A. S. Neill

Tirar la toalla...
¿o usarla de capa?

Silvia Torralba Lima

© Silvia Torralba Lima, 2023

Corrección: Marta Beltrán Bahón

Montaje de cubierta: Juan Pablo Venditti

Primera edición: marzo de 2023

Derechos reservados para todas las ediciones en castellano

© Editorial Gedisa, S.A.
www.gedisa.com

Preimpresión: Moelmo S.C.P.
www.moelmo.com

ISBN: 978-84-19406-21-7
Depósito legal: B 3254-2023

Impreso por Sagrafic

Impreso en España
Printed in Spain

Queda prohibida la reproducción total o parcial por cualquier medio de impresión, en forma idéntica, extractada o modificada, de esta versión castellana de la obra.

Este libro se lo dedico a las tres *Alicias* de mi vida...

A mi abuela, el átomo origen de mi locura y creatividad. La que ganaba concursos literarios firmando con pseudónimos porque en su época lo de escribir «no era cosa de mujer decente».

Gracias por enseñarme a ser una mujer *indecentemente* atrevida.

A mi madre, mi fuente de inspiración y mi cántaro de sabiduría infinita. La que siempre tiene una solución para todo, la que me dio todo, además de la vida y de su amor.

Gracias por enseñarme que siempre se puede hacer mejor.

A mi hija, mi gran maestra. La que me zarandeó hasta la hartura antes de ponerme en mi camino de vida.

Gracias por elegirme, por no rendirte, por confiar en mí y por permitirme ganar esa batalla *contigo*.

Y a mi padre, que no llegó a ver este libro publicado. El que empezó a estudiar periodismo a sus sesenta años y no dejó de escribir hasta el último día de su vida.

Gracias por enseñarme lo que es la constancia y a perseguir mis *molinos de viento*.

Índice

Agradecimientos	13
Dios y su sentido del humor	17
Introducción	21
Te cuento *mi* historia de amor... ¡por si te sientes identificada!	27
Definiendo a niños «diferentes»	57
¿Y cuál es *tu* historia?	63
¿Qué es lo que no va bien en tu vida?	64
¿Por qué mi hijo es así?	68
Espejito, espejito...	70
¿En qué afecta esta situación a tu entorno?	72
Ejercicios prácticos para *ti*	79
PRÁCTICA 1. Reconocer lo que me afecta	79
PRÁCTICA 2. Aprender a respirar para recuperar el control	81
PRÁCTICA 3. Buscar una vía de escape personal	83
PRÁCTICA 4. Callar la mente y controlar tus emociones	87
PRÁCTICA 5. La meditación	94

PRÁCTICA 6. Las terapias naturales.................. 96
PRÁCTICA 7. Hacer un cuaderno de gratitud 98

Y ahora, hablemos de *tu hijo* 105
¿Qué necesita?.................................... 105
Aprender a respirar para controlarse 106
La compensación afectiva......................... 107
Reforzar su autoestima............................ 108
Pactar normas 110
Implantar y seguir una rutina 115
Realizar actividades variadas....................... 118
¿Cómo puedes ayudar a tu hijo en su día a día? 121

Ejercicios prácticos para tu hijo....................... 125
En casa 125
PRÁCTICA 1. Respirar... y volver a zona verde 125
PRÁCTICA 2. Sintonizar en la frecuencia del *Om* 131
PRÁCTICA 3. Pensar, medir mis palabras y verbalizarlas
de forma amorosa............................... 133
PRÁCTICA 4. Negociar normas, rutina y organización
diaria 139
PRÁCTICA 5. El test de las responsabilidades........... 147
PRÁCTICA 6. Hacer deberes con el reloj de cocina 149
PRÁCTICA 7. Estudiar con esquemas, gráficos y TIC..... 151
PRÁCTICA 8. El cuaderno-*biblia* de Lengua y Mates...... 156
PRÁCTICA 9. Juegos y recursos didácticos 158

En el colegio 192
PRÁCTICA 10. Hacer exámenes satisfactoriamente 192
PRÁCTICA 11. Querida profesora... 194
PRÁCTICA 12. Socialización con los compañeros 196

Elegir el colegio ideal 201

El apoyo profesional: psicólogos, terapias y actividades terapéuticas 209

Medicar o entrenar, ¡esa es la cuestión! 219

FAQs 225

Misión cumplida 231

Nota final 235

Libros recomendados y otras fuentes 239

Agradecimientos

Durante un tiempo me saltaba siempre la página de agradecimientos al leer un libro. Pensaba: «¿es realmente necesario?». Parecía que el autor se quitaba parte del mérito y todo.

Hoy sé que, en realidad, el autor no sería un autor sin toda esa gente detrás.

Así que, ahí va mi agradecimiento a mis *coautores*:

A mi hijo Adrián, por ser el coprotagonista de esta historia, mi gran *Maestro de sabiduría*, el *regalito de Dios* para enfrentarme a lo que venía detrás.

A Eugenio, el padre de Alicia, que durante todos los años de *calvario*, con toda su paciencia, aceptó estar en el *backstage*, ocupándose de que no nos faltara de nada y aceptando mis locuras.

A Eva, amiga y compañera de camino que, como orientadora, me envió a tantos y tantos angelitos a mis terapias, grandes maestros también que me ayudaron a reforzar todo lo aprendido.

A Cris, Bibi, Rosa, Juan, Loli y Jacobo, mis «hermamigos», mi familia adoptiva, que vieron mis primeros escritos y me empujaron al vacío sin dudarlo ni un momento.

A Tamar y Mónica, dos supermamás de niños diferentes a las que admiro muchísimo y que aceptaron destripar mi primera versión de este libro.

A mi hermano Ricardo, pues por él estuve treinta días en confinamiento absoluto, que me sirvieron para dar el empujón definitivo a mi libro... mientras le veía luchar contra su leucemia y *despertar*.

A Rafa, el único *hombre* que ha entendido a mi hija —según ella— y el único psicólogo que me ha entendido a mí como madre. No recomendaría otro.

Por último, doy gracias a César, mi compañero de vida, «la mejor parte de mí», como diría *Juanes,* y mi motor, el que definitivamente me puso en marcha para cumplir esta tarea de compartir con el resto del planeta mi aprendizaje personal de vida. El que sacó de mi cajón mi libro empezado y dijo: «¿y si lo terminas?».

A todos, gracias por creer en mí.

Dios y su sentido del humor...

Hace muchos años, en el auge de mi ignorancia, lancé un gran deseo al universo:

«Me gustaría ser más sabia...».

Me imagino a Dios y al arcángel Gabriel (siempre me había caído bien este tío hasta este día) resolviendo mi petición, entre otras tantas del resto de la humanidad:

—¿Que esta criatura quiere ser más sabia? Puf, ¡tarea difícil! Si no ponía atención en clase con doce años, ¿qué le hace creer que ahora será diferente?

—Pues sí, jefe. Qué razón tiene. ¡De donde no hay no se puede sacar!

—Pero la chiquilla ha puesto intención en su petición. ¡Maldigo la hora en que mi hijo dijo eso de «pedid y se os dará»! Me tiene hipotecado con esa promesa.

—A no ser que...

—¿¿Síííí...?? —dijo Dios, abriendo aún más su único y enorme ojo y poniendo toda la atención posible en su interlocutor.

—Como dijo Albert Einstein, «No necesito saberlo todo, tan solo necesito saber dónde encontrar aquello que me hace falta cuando lo necesite», ¡o preguntarlo a la persona adecuada!

—Me estás sugiriendo que... ¡Mmm...!

Me imagino a Dios con su mirada al más, más allá, mientras acaricia su larga barba blanca.

Y así fue como Dios me envió a mi primer Gran Maestro, mi hijo Adrián.

Adrián, más conocido en el entorno familiar como «Google Man», es un crack en todo lo que hace, además de ser una fuente de inteligencia y sabiduría inagotable. Además, tiene la templanza de los grandes sabios y filósofos de la historia, de los que todo lo ve y lo sabe, ¡y encima con la tranquilidad desquiciante que exasperaría a cualquier madre ignorante! Aunque a mí, ¡siempre me ha maravillado!

Pero él fue mi maestro no solo de sabiduría, sino también de paz y armonía. Con él me inicié en eso de ser madre, descubrí el amor verdadero y la entrega, aunque casi sin méritos, pues era demasiado fácil educarle y convivir con él. Al mes de nacer ya dormía solo en su habitación y no se despertaba en toda la noche; a los dos años tiró su chupete a la basura por iniciativa propia; a los cuatro años aprendió a leer solo y a los cinco hasta descubrió un fallo en un libro de dinosaurios. Así pasó que me vine arriba y dije: «eso está chupao... Venga, ¡a por otro!».

Pero esta vez, se me cruzó también el deseo de descubrir el AMOR en todas sus dimensiones. ¡Definitivamente, tengo que aprender a controlar lo que deseo!

Y Dios, me imagino con su sonrisita picarona de lado, me envió a mi segunda y *cojonuda* Gran Maestra:

¡Mi hija Alicia!

Con ella —y por ella—, bajé a los infiernos, me metí en huracanes y tormentas, pero finalmente logré subir al cielo, y entonces descubrí...

... el AMOR INCONDICIONAL.

¡Dios y su séquito se habrán quedado a gusto! Se aseguraron de que no pidiera nada más. ¡Ahora acepto lo que la vida me da! No vaya ser que...

En fin, ¡todo es perfecto!

Introducción

Por un cúmulo de circunstancias, cuando mi hija cumplió siete años, dejé mi trabajo y decidí volcarme en cuerpo y alma en ayudar a mi hija a adaptarse a una sociedad que parecía no adaptarse a ella. Considerando que el proyecto más importante que había emprendido en mi vida era formar una familia, pensé que valía la pena intentarlo. Antes de ser madre era una mezcla de *Peter Pan hippie* que vivía por las nubes, sin reglas y dejándome llevar por el viento. Todavía no sé cómo acabé como *Amy* en la película «Malas Madres».

Aplicando la regla del ensayo y error, nuestra vida transcurrió como cuando juegas a la gallinita ciega. En algunos momentos fue más fácil, en otros, más difícil, pero no me rendí nunca. Y al final, lo logramos. Llegamos a buen puerto. Y creí que ya había cumplido mi parte. Poco a poco fui creando mi propia *biblia*, mi *manual de instrucciones*, mi *mapa* o *libro de recetas*.

Hace algunos años tuve la oportunidad de participar en un evento maestreado por el Dr. Mario Alonso Puig en la Fundación Telefónica sobre personas que se habían «reinventado» junto con otras once maravillosas historias de vida.[1] Quería enseñar mis cachivaches di-

---

1. Entre los que compartieron escenario conmigo, quisiera mencionar a David Calle, creador de la plataforma www.beunicoos.com, un exingeniero que al quedarse en paro empezó a dar clases de mates, física y química con vídeos en internet, y el pasado 2017 fue finalista del premio al «Mejor profesor del mundo». Todo un ejemplo de cómo debería ser la actitud de un profesor cercano e implicado.

dácticos a los demás, mis técnicas para no perder los papeles, entre otros, por si a alguien le servía de inspiración. Era algo así como cuando haces un bizcocho que te hace sentir orgullosa de ti misma y preguntas a los que te rodean: «¿quieres probar un cachito?».

¡Lo más increíble es que a la gente le gustó mi *bizcocho*! Y no solo eso, sino que la Fundación Telefónica me invitó a volver para colaborar en unas jornadas sobre educación un par de años después, ¡y a la gente le volvió a gustar! Después de eso, algunas asociaciones, grupos de profes y AMPAS empezaron a contactar conmigo para que yo les contara más y más. De repente, era como si justo la pizca de limón que le echas al básico bizcocho de leche, harina y huevos le hiciera ser especial. Para ti sigue siendo un bizcocho normal, pero todos quieren la receta. Y yo solo pensaba, «¡qué disparate, pues yo ni siquiera soy *cocinera*!».

Entonces fue cuando me di cuenta de lo egoísta que había sido hasta entonces. Tanto tiempo con la mirada fija en mi hija, que no veía que había otras familias que estaban pasando por lo mismo, que empezaban un recorrido semejante y que encontraban las mismas encrucijadas por las que yo también había estado. ¿Por qué no facilitarles un poco la vida? ¿Por qué no compartir mis recetas? ¡Cualquier cosa se agradece! Ojalá yo hubiera conocido en el comienzo de mi andadura alguna madre con quien cambiar cromos. Pensé que si alguien me hubiera enseñado ciertas cosas desde el principio, me hubiera facilitado mucho la vida y no me hubiera dado tantos cabezazos contra la pared.

Y lejos de parecer un trabalenguas o un acertijo, esto es lo que pretende ser este libro: *Mis recetas para ayudarte a ayudar a tu hijo, o ayudarte a entender cómo te ayuda él a ti.*

Antes de meternos en faena, quisiera aclarar que, como el caso que he vivido es el de mi hija, diagnosticada como asperger y con un TDAH, en este libro no discuto —aunque me posiciono— si el Trastorno por Déficit de Atención e Hiperactividad es real o imaginario, si lo inventaron los laboratorios o Perico de los Palotes, si la falta de atención es en realidad «falta de unos buenos azotes», como he llegado a escuchar. Mucho menos doy pautas para identificarlo y diagnosticarlo. Doy por hecho que ya habrás consultado a algún profesional o lo harás. Tampoco desarrollo extensas teorías sobre la hiperactividad o cualquier otra clase de alteración de conducta o trastorno. Como ya he dicho, para eso, consultad un profesional de bata blanca y títulos en la pared, como mi amigo Rafa. Zapatero a sus zapatos. Pero sí hablo de todo esto como madre y como terapeuta.

Y es como madre que también manifiesto que ya no me importa el rótulo o nombre que le pongan o lo que digan sobre la veracidad del TDAH o cualquier otra alteración de comportamiento. Defendí tantas veces lo indefendible que descubrí que lo único realmente importante no es el rótulo, el nombre, ni las causas ni las consecuencias de lo que tenga o deje de tener, sino la fórmula final para lograr que mi hija sea FELIZ.

Por eso este libro es para padres y madres como yo, que no aceptan que llamen a sus hijos *rebeldes, maleducados, tontos, listillos, vagos, raritos o trastos* sin aportar soluciones. Si te lo han dicho y lo aceptas como cierto, quizás todavía estés a tiempo de devolver este libro o cambiarlo por otro, uno de recetas de verdad, ¡de potajes y guisos extremeños!

De la misma forma, tampoco me preocupa si a alguien no le gusta lo que escribo o cómo lo escribo, —la verdad es que muy catedrática no soy— o si creen que mis viñetas son poco pedagógicas e incluso ofensivas. Yo se las enseñé a mi hija y se partía de la risa mientras ella misma decía: «¡esa soy yo!». ¡Qué bien poder reírse de uno mismo! Cada viñeta que hice fue un ahorro tremendo en terapias: plasmé en ellas lo que sufro en silencio, como el anuncio de las hemorroides. ¡Ya es hora de cambiar las lágrimas por la risa y los gritos por los abrazos!

Por eso este libro es *por* tu hijo pero *para* ti.

Por último, quisiera decir que vivir esta aventura gracias a mi hija fue lo mejor que me pasó en la vida. Me acercó a lo mejor y a lo peor de mí misma y, desde ahí, me dio la oportunidad de crecer. Quisiera devolver este regalo que la vida me dio compartiendo contigo mis experiencias y cabezazos contra la pared, pero también mis momentos de satisfacción al ver cómo mi hija descubrió cómo ser FELIZ.

Por adelantado, también quisiera darte las gracias en nombre de tu hijo: ¡gracias por no cruzarte de brazos!

Ah, por cierto... sobre los «niños y niñas»

No tengo ninguna intención de discriminar a nadie, y soy la primera en defender el uso de ambos géneros, pero quisiera avisar que en este libro no usaré lo de «la niña y el niño», «el padre y la madre», «el abuelo y la abuela» y me niego a ponerle arrobas o equis a todo, por más que apoye el lenguaje inclusivo. Pienso que de esta forma se hace muy pesada la lectura en un libro. Así que, agarrándome a lo que dice la RAE sobre el tema, cuando use el género masculino cuando quiera generalizar, me refiero a ambos géneros.

Por compensarlo, pero por las mismas razones (la de no marear la perdiz), he decidido que cuando me refiera a *ti*, que estás leyendo este libro, lo haré en femenino. No porque crea que una madre se implique más o menos que un padre —pienso que este tema hoy en día está bastante equilibrado— pero es verdad que las mujeres damos más vueltas a todo y quizás en lo que se refiere a la educación de nuestros hijos somos las que acabamos buscando más alternativas. Eso no quita que crea que compartiréis entre la pareja lo que consideres oportuno, obvio. Siendo así, cuando use el género femenino para referirme a *ti*, lector o lectora, por favor, no te molestes. La mayoría de las mujeres nos aguantamos cuando se refieren a nosotras en masculino al generalizar, así que, al revés también debería pasar.

Por otra parte, he querido conservar los nombres reales de todos los implicados en mis vivencias, menos en los casos de dos profesores de mi hija, por razones obvias. Aun así, quiero dejar claro que lo hago desde mi mayor respeto hacia ellos, pues en realidad también fueron grandes maestros.

Sé que es un libro que rompe muchas normas y seguramente me lloverán collejas por todas partes de muchos puristas, pero ¿sabéis qué? No he escrito este libro para ellos. Sino para madres como yo, a quienes les importa un pimiento la teoría. Necesitamos soluciones prácticas, sin más.

«Tonterías las justas», como diría mi suegra, muy castiza la señora.

Te cuento *mi* historia de amor... ¡por si te sientes identificada!

No estudié psicología, ni psiquiatría, y tampoco psicopedagogía. Antes de mi gran experiencia como madre, solo había estudiado Magisterio y Publicidad. Después de mi gran aventura como madre de Alicia, me formé (y ejerzo) como equinoterapeuta, *coach* familiar y educacional y cuentacuentos. Así fue como me cambió la vida una niña «diferente» de narices. Hoy por hoy creo que ya la tengo prácticamente dominada... o ella a mí, no lo tengo muy claro, pero en cualquier caso, el resultado final es que ambas hemos encontrado el equilibrio en nuestras vidas y en nuestra relación.

Por un tiempo, vivir con mi hija Alicia era como montar en una montaña rusa cuando me levantaba, pasar el día con los pelos de punta y el cinturón abrochado, ¡y caer rendida cuando llegaba la noche! Hemos tenido días peores y otros mejores, pero en cualquier caso, hemos seguido aprendiendo y descubriendo cada día. Hasta la tutoría con su profe de primero de primaria...

> Su hija es muy vaga, se pasa el día comiendo moscas, y cuando le pregunto algo, ¡no sabe ni por dónde vamos! Está pendiente de todo y de nada a la vez.

«No puede ser verdad», pensaba yo para mis adentros mientras escuchaba las afirmaciones de la profesora de mi hija Alicia, yo diría que medio cabreada, que me repetía una y otra vez que ella hacía «lo que le daba la gana».

Alicia acababa de empezar primero de primaria y se suponía que tenía que ser el año más bonito de su etapa escolar por los nuevos descubrimientos, la ilusión de *ser mayor* y hacer *cosas de mayores*, como leer y escribir. ¡Al menos eso fue lo que me dijeron que pasaría cuando estudié Magisterio! Eso era también lo que afirmaba mi madre, también profesora y psicopedagoga, como muchos de mis tíos, primos y toda una estirpe de educadores que hay en mi familia. El que no es maestro es psicólogo, director de escuela o pedagogo. Todos ellos con títulos universitarios y de doctorados colgados en las paredes. Y mi hija sería... ¿«vaga»?

¿Dónde está la herencia genética cuando la necesitamos? ¿Es que mi hija no ha heredado nada de nada de toda una familia de amantes de los libros y *frikis* de la educación?

¿¿Vaga?? Mi hija... ¿vaga? ¡¡Argh!!

En este momento descubrí cómo era esa sensación de cuando te estiran la alfombra bajo tus pies. Me derrumbé. Pero como una pelota que bota y rebota, en este mismo instante empecé un largo y por momentos agotador proceso del cual no echo nada de menos. Aunque reconozco cada una de sus etapas como grandes clases maestras que me hicieron emprender el viaje más precioso de mi vida.

A continuación, quisiera contaros cómo fue cada una de estas etapas, por si os sentís identificados. Puede que también os sirva de consuelo: ¡otra *pringada* que derramó muchas lágrimas de cocodrilo!

1ª ETAPA. Qué hacer, ¡además de tirarme de los pelos!

Después de decir a todos los vecinos «¡Mi niña ya va al cole!» con el babero puesto, lo último que te esperas es que solo a ti te *mole* esta idea, ¡pues a ella le va fatal esa nueva vida! Y los profes dan fe de ello. ¿Qué sientes? Desconcierto, desorientación, ganas de gritar ¡Argh...!, y más ¡argh! ¿Por qué? ¿Es que hice algo mal? Serán los genes por parte de mi suegra, fijo —alguien se tiene que cargar las culpas, y quién mejor que una suegra—. ¿Y qué diré cuando mis vecinos me pregunten qué tal va mi hija en el cole? ¡Ayer con el babero puesto y hoy les evitaré para no tener que dar explicaciones! Ni hace falta deciros que empecé a subir a mi casa por las escaleras.

2ª ETAPA. Había que hacer algo, ¡y ya!

Veamos, tenía que hablar con un experto: ¡mi madre! No es broma, es que, como dije antes, es psicopedagoga. Solo había un problema: estaba a más de diez mil kilómetros de distancia, entre cocoteros en una pacífica playa de Brasil —¡tampoco es broma, toda mi familia es de ahí!—. A pesar de los husos horarios, llamadas intermitentes por Skype, le cuento el problema a mi madre que, entre otras cosas, sabiamente me dice la PRIMERA GRAN VERDAD ABSOLUTA (al menos yo la sentí así) que me ayudó a serenarme y a buscar caminos alternativos:

"NO EXISTEN NIÑOS VAGOS, SINO POCO MOTIVADOS."

(¡¡Si esto fuera una *tablet*, lo verías en letras luminosas y parpadeando!!).

Y siguió diciendo que si la metodología tradicional *no le llegaba*, habría que plantearse un *plan B*. En cualquier caso, se hacía necesario un diagnóstico por parte de un profesional, ya que sería la única forma de que su profesora también nos tomara en serio y se implicara de otra forma en su escolarización. Además, podrían ser muchas cosas: problemas de visión, un cociente intelectual bajo, dislexia y un largo etcétera.

3ª ETAPA. El diagnóstico, o *Vía Crucis*

La llevé a tres psicólogos, cada cual con un parecer diferente: la primera dijo que era pronto para un diagnóstico, que quizás fuera un tema madurativo, por lo que podíamos esperar unos años más. «Y dejar que se chapoteara en su fracaso escolar mientras tanto, ¿con esta profe que ya le había sentenciado a repetir curso?», pensé yo. La segunda dijo que, aunque apuntaba a padecer un Trastorno de Déficit de Atención, como en consulta le podía su timidez, no estaba segura si era TDA, TDAH... y me dijo, con otras palabras, que siguiera buscando.

Un tiempo después, leyendo *Mentes inquietas* de la brasileña Ana Beatriz Barbosa (amo a esta mujer), libro que consideré mi biblia personal sobre el TDAH, descubrí mi SEGUNDA GRAN VERDAD ABSOLUTA respecto a esta afirmación. Imaginaos otra vez las letras luminosas y parpadeantes:

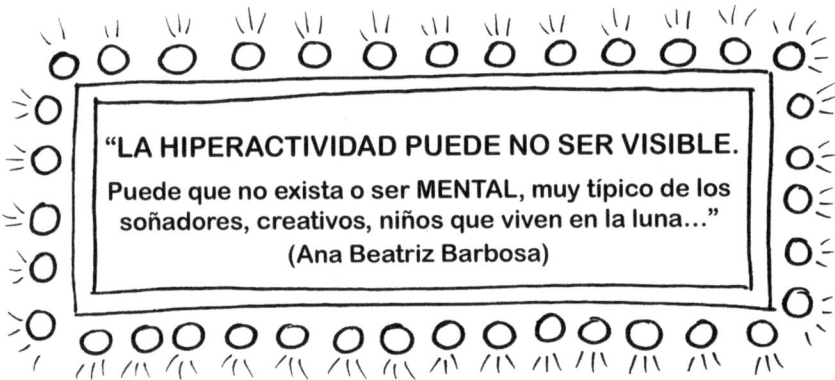

"LA HIPERACTIVIDAD PUEDE NO SER VISIBLE.
Puede que no exista o ser MENTAL, muy típico de los soñadores, creativos, niños que viven en la luna..."
(Ana Beatriz Barbosa)

La tercera psicóloga finalmente le diagnosticó el TDAH, aunque confirmó que físicamente parecía tener controlada su hiperactividad y que el exceso de actividad estaba en su mente. Además, tenía un cociente intelectual por encima de la media, pero como funcionaba a una revolución diferente de la mayoría de niños, no lograba concentrarse en una única cosa. Y le puso un *laaargoooo* tratamiento con acompañamiento en consulta. Gracias a los Dioses del cielo y del Olimpo, en este caso la psicóloga no me recomendó medicarla (no me apetecía nada), a pesar de las reprimendas de la pediatra de Alicia y otras personas del entorno. Esta psicóloga afirmaba que el 80 % de los adolescentes que trataba en su consulta habían tomado la medicación para el TDAH en su infancia y padecían trastornos diversos. Aquí cada uno que saque sus propias conclusiones. Ya hablaremos de esto más adelante.

Algunos años más tarde también la diagnosticaron como asperger, igual que el protagonista de la serie *Big Bang Theory*, Sheldon Cooper, ¡como la suelo llamar cuando hace una *sheldonada*! Esto solo vino a enredar un poquito más todo, aunque también a explicar ciertas conductas suyas como la falta de sociabilización y ausencia de filtro total cuando habla con los demás.

Todas estas idas y venidas me han hecho cuestionarme... ¿Cómo es posible que algo tan sencillo pueda ser visto de diferentes formas por tres profesionales con los mismos estudios? Por esta razón, aprovecho para enfatizar la necesidad de consultar con varios expertos: si no te dan una solución razonable, ¡sigue buscando! No digo que busques un profesional que finalmente te dé el diagnóstico que tú crees que debería darte, sino que sea capaz de APORTAR SOLUCIONES para que tu hijo avance, sea cual sea el trastorno o dificultad que tenga, o no tenga. Hay muchos buenos profesionales especializados en niños. No hay que rendirse ante una falta de diagnóstico claro. Repito: ¡lo importante no es un diagnóstico, sino una propuesta de tratamiento o ayuda efectiva! Si un profesional te dice que su trastorno es por culpa de unos *hongos en los pies*, y te ofrece un acompañamiento que lo resuelva, ¡es perfecto!

4ª ETAPA. Hablar con los profesores, la gran *lotería*

En esta etapa, quiero pensar que no todos tendrán la misma *suerte* que hemos tenido nosotras. La profesora de primero de primaria de mi hija, la misma que me dijo que mi hija era «vaga» —llamémosla *Señorita Mariflores* por razones obvias— se lavó las manos y, según abrió el informe de la psicóloga, lo cerró con la misma rapidez. Según ella, tenía otros treinta niños en clase y no podía hacer ningún sobreesfuerzo más por mi hija. Este mismo día sentenció: «Si va dar igual, tarde o temprano acabará repitiendo curso».

Un poco de *spoiler*: se equivocó...

Fueron dos años muy difíciles con esta misma profe, no solo para Alicia sino para mí también. Superar esta etapa nos costó muchas lágrimas de frustración y esfuerzo. Cambiarla de colegio era tan contraproducente como mantenerla ahí. Como lo único que motivaba a mi hija a ir al cole eran sus amigas, decidimos que lo mejor sería que se quedara. ¡Gracias *hasta el infinito y más allá* a Marta, Eva, Dani, Ana, Ainhoa, Marina, Sara y Clara, su pandilla incondicional durante todo su período escolar!

Hoy, echando la mirada hacia atrás, trato de entender lo que pasó entonces: la *Señorita Mariflores* era una maestra muy tradicional, de las que muchos padres quisieran que fuera la profe de sus hijos por estar convencidos de que «enseñará más que otros». ¡Y realmente era así! La mayoría de los padres estaban muy satisfechos con los resultados de sus hijos. Pero ¿qué ocurre cuando en un aula hay un niño que, por alguna razón inexplicable, al menos para ella, no va al mismo ritmo que los demás? ¿Es *culpa* del niño? ¿O es *culpa* de la desinformación de la profe sobre lo que le pasa? ¿O del sistema educativo? ¿Realmente hay un «culpable»? Para mí, ya no, pues ya no creo en la culpa. Solo hay diferentes circunstancias de aprendizaje, y diferentes agentes de lecciones de vida.

Hoy, después de un largo recorrido y aprendizaje, también tengo que dar gracias a esta profesora pues, sin quererlo, también ha sido una Maestra de Vida para mi hija. Le ha hecho más fuerte, decidida y le ha proporcionado las herramientas que necesitaba para enfrentarse a sus frustraciones y limitaciones de forma consciente y madura. También lo ha sido para mí, pues con ella aprendí que no debemos juzgar a nadie; empecé a poner en práctica la empatía, y enseñé a mi hija a desear que su profesora fuera feliz.

Tenemos que tener siempre presente que hemos venido a esta vida a aprender, y si no hay un cambio de actitud por nuestra parte, las lecciones se repiten una y otra vez. En este *examen de la vida* no hay *aprobados* o *suspensos*. Hay una oportunidad tras otra, hasta que entendamos la lección, hasta que seamos capaces de perdonar y de pedir perdón, de no juzgar, e incluso de amar a las personas que nos hacen daño. Al final, todo es perfecto, todo es parte de nuestro Plan de Vida.

5ª ETAPA. Cambio de vida: el plan B que decía mi madre

Cuando se desencadenó todo el tema de Alicia, yo trabajaba en una pequeña agencia de publicidad que me mantenía ocupaba todo el día. Fue justo en el 2008, cuando empezó la crisis mundial que dejó a tanta gente sin trabajo, ¡inclusive a mí! Pero como dice el dicho, «no hay mal que por bien no venga». En vez de buscar un nuevo empleo, decidí quedarme un tiempo en casa para poder ayudar a mi hija a *acomodarse* en la escuela e intentar cubrir las necesidades que ella tenía de escolarización y que no obtenía en clase con la *señorita Mariflores*. Pero el caso es que no sabía por dónde empezar, así que, una vez más, recorrí a mi Wikipedia particular: ¡mi madre!

Aquí quisiera dedicarle algunas líneas más a esa mujer maravillosa que es mi madre. Si he conocido a una maestra por vocación, esa es ella, por más que le fastidie que lo cuente. Pero como este libro es mío, lo hago.

Mis padres eran algo así como cooperantes de una ONG religiosa, por lo que vivíamos en una granja en medio de una favela de Brasil. Ahí, todos la conocían como «la profesora», pues además de haber dado clase a incluso tres generaciones de una misma familia, *salvó* a cientos de niños de la ignorancia más absoluta. Hasta hoy, a sus casi noventa años la buscan en las redes sociales solo para darle las gracias.

Vivíamos en una zona rural donde muchos niños iban descalzos, otros eran tan ermitaños que tenían su propio vocabulario en casa y llegaban al colegio sin haber cogido un lápiz en su vida. Mi madre se metía en las casas de sus alumnos para averiguar lo que les pasaba, daba clases con padres desconfiados mirando desde la ventana, pagaba gafas a los niños de su bolsillo, les llevaba en su coche al centro pedagógico más cercano (unos diez kilómetros) para que les hiciesen pruebas de diagnóstico si intuía que tenían altas capacidades o alguna otra alteración digna de atención..., y miles de historias y anécdotas que podrían llenar otro libro, pero no cuento más que se enfada.

El caso es que justo unos años antes de lo sucedido con Alicia, mi madre había ganado un premio a nivel nacional del Ministerio de Educación en Brasil por crear un Método de Alfabetización a través de juegos. Como su escuela no tenía ni libros ni recursos, la forma que encontró para enseñar a estos niños había sido fabricar JUEGOS DIDÁCTICOS con material reciclado. Sus alumnos traían plumas de sus gallinas, el padre de otro niño que era carpintero le cortaba dados de madera para toda la clase, otro traía periódicos y con eso y algo más de materiales construía inventos raros que solo se le ocurrían a ella, esa mujer brillante y una de las personas más inteligentes que he conocido en mi vida.

Volviendo a mi charla con ella sobre Alicia, después de un largo discurso sobre el constructivismo, me citó a Vygotsky:

> El mejor método es aquel en que los niños no aprenden a leer y escribir, sino que descubren estas habilidades durante situaciones de juego.

«Tienes que inventarle juegos didácticos —me dijo mi madre—. El punto de partida es la propia realidad del niño. Si ellos no aprenden de la manera estandarizada, hay que enseñarles partiendo de lo que ya conocen: los juegos». Y añadió: «Una caja de huevos, un matamoscas con forma de mano, unos rollitos de papel higiénico, serían suficientes para empezar».

En Brasil hay un dicho que dice que «no hay que dar el pez, sino la caña y enseñar a pescar». ¡Mi madre me dio una bolsa de basura!

Y así fue como empecé a crear nuestros juegos.[1] Todas las tardes, como premio por hacer los deberes, jugábamos un ratito con aquellos artilugios tan caseros. Y reíamos, compartíamos y, lo más importante: ¡mi hija aprendía!

En casa todo parecía ir encajando poco a poco: organizamos una rutina, establecimos unas normas y nos planteamos objetivos a corto plazo. Poco a poco lo íbamos logrando. Además, nos hemos vuelto muy ecológicas: ¡todo se reciclaba! Desde tapones, botecitos, pajitas... Y os digo una cosa: ¡reciclar es adictivo! Hoy por hoy ya no hacemos juegos con ellos, pero mi hija sigue guardando rollitos de papel higiénico a sus veintiún años. Al final no me queda otra que inventarme adornos con ellos en cada Navidad.

El caso es que Alicia salía de casa contenta pero volvía cabizbaja de la escuela. Estaba claro que no encajaba con los cuadernos milimetrados, las interminables páginas de cuentas de los cuadernos *Rubio* y la presión de responder mal ante toda la clase a las preguntas de la *señorita Mariflores*, que la seguía regañando a diario y delante de sus amigos. Y en este terreno yo no tenía jurisdicción. Por entonces, con apenas siete años, mi hija empezó a pedirme que le comprara ropa negra —según los expertos, era por querer desaparecer o pasar desapercibida—. ¡Y sonaron las alarmas! La amenaza de un fracaso escolar estaba acabando con su autoestima y ella misma empezaba a creer que era *tonta* y *vaga*. Sus compañeros probablemente también lo creían, lo que reforzaba su falta de ganas de ir al cole, ya que afectaba a su socialización.

Fue entonces cuando descubrí mi TERCERA GRAN VERDAD ABSOLUTA sobre niños como mi hija:

---

1. Los comparto en otro capítulo de este libro.

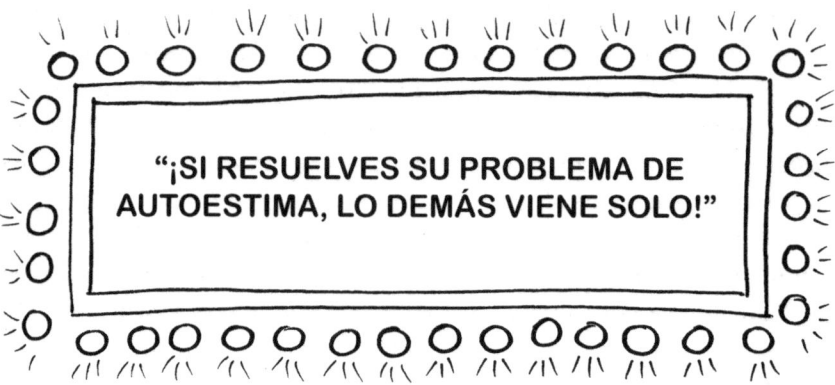

"¡SI RESUELVES SU PROBLEMA DE AUTOESTIMA, LO DEMÁS VIENE SOLO!"

¡Una vez más, luces, neón y aplausos!
Pero ¿cómo hacerlo?

6ª ETAPA. Las terapias naturales, ¡mi salvación!

Tenía que lograr un mejor rendimiento dentro del aula, pero sin estar ahí con ella. Aunque si me llegan a dejar, ¡vamos que hubiera ido! Para ello, necesitaba trabajar su autoestima como fuera. Como había decidido no medicarla, resolví buscar otras formas de hacer que se sintiera mejor, que confiara más en sí misma e incluso que no le afectara lo que dijesen los demás. Y aquí fue cuando encontré ¡las puertas del paraíso!: descubrí las terapias naturales. Sí, esas tan tachadas de malignas y amenazadas de prohibición por nuestros mandatarios.

Mi hija probó casi de todo —y yo con ella—, desde Flores de Bach, masajes metamórficos, equilibrados energéticos, Reiki, Shambhalla, Tomatis, relajación y meditación... y todo funcionó y sigue funcionando. Mi hija cada vez fue entrando más *en vereda*, ¡se sentía tan bien consigo misma que igual hasta nos pasamos un poco! Cada dos por tres ella solita se echa flores: «Mamá qué lista soy!», a lo que siempre le contesto: «Hija, tú no necesitas abuela!». Pero me encanta verla así.

Las terapias naturales no solo le ayudaron a aumentar su autoestima, sino que también le proporcionaron herramientas para relajarse, concentrarse, además de tratar algún bloqueo dejado por sus primeros años de escolarización con la *señorita Mariflores*.

Hubo un momento en que mi hija se negó a seguir yendo a la psicóloga. Estaba agotada, y aunque había tenido unos resultados razonables en su nivel de comprensión y resolución de problemas, yo no quería *forzar el carro*. Para mí era muy importante que ella viera todos los esfuerzos que hacía como algo positivo y no como una carga. Y decidí respetar su deseo de dejarlo, a pesar de saber que quizás no era lo más recomendable. Como dije desde un principio, mi único objetivo era que ella fuera feliz.

Pero la vida es tan maravillosa que se va ajustando solita, y cuando una puerta se cierra, otra se abre. Y en esta puerta... ¡había un caballo!

Sí, un caballo. A mi hija le encantan los animales, especialmente los caballos y, como quería montar, lo utilizamos al principio como *moneda de cambio*: «si te esfuerzas en el colegio, te llevamos a montar», le dijimos. De ahí a descubrir la equinoterapia, o terapia con caballos, fue un paso. O mejor dicho, ¡un *trote*! Y Wilson, el alazán que solía montar entonces, le ayudó a reforzar su autoestima, a superar sus miedos, a ser valiente, a estar segura de sí misma, a ser disciplinada en la forma de hacer las cosas, a mantener el ritmo y a ser constante. Y lo más importante: ¡a llevar las riendas de su vida! Wilson fue, sin lugar a dudas, el mejor terapeuta que tuvo en los últimos años, sin menospreciar a los demás. Simplemente había *feeling*.[2]

Un dato importante es que Alicia también tenía vértigo, lo que significa que cada vez que se subía al caballo, ¡sufría! Cada vez que Antonio, su profesor de equitación, le hacía trotar un poco, se engarrotaba, gritaba, y lo pasaba mal. Imaginaos mi sufrimiento también, pues además de ver empalidecer a mi hija en segundos, escuchaba

---

[2]. Ojo, no quisiera que se interpretara mal esta afirmación. Yo *jamás* recomendaría que un niño con TDAH dejara un acompañamiento profesional con un psicólogo para hacer cualquier otra terapia. *Nadie* mejor que un profesional para ir cubriendo las necesidades de un niño con cualquier tipo de disfunción o dificultad. En el caso de Alicia, no me quedó más remedio, ya que se negaba a seguir yendo a las sesiones con la psicóloga. Alicia siempre fue *un bicho raro*, y cuanto menos le forzábamos, más avanzaba.

los cuchicheos de los demás papás que la veían y decían: «pobre niña, que malos padres que la obligan a montar». Yo solo forzaba una sonrisa y disimulaba como si no lo hubiese escuchado.

¿Qué hacer? Cientos de veces le decíamos:

—Hija, si no te gusta, si lo pasas muy mal, puedes dejarlo cuando quieras.

—No, mamá, ¡me gusta y quiero venir!

Su padre era el que más sufría. Llegó a decir que de ninguna manera la volvería a llevar a montar, pero después de ver cómo ella se entristecía, le dije:

—Si lo abandona ahora, esta será su actitud en todas las situaciones de dificultad que se enfrente en su vida: rendirse. Si logra superar ese miedo, no habrá obstáculos que la hagan detenerse.

Alicia no solo siguió montando, sino que superó sus miedos y hoy, no solo monta a cualquier caballo, sino que además hace salto y tiro con arco al galope.

¿Quién dijo miedo?

Como dice Antonio, su profesor de equitación, «quién la ha visto y quién la ve». A él también le estaré eternamente agradecida, pues su paciencia y constancia han sido claves en esta gran prueba de auto superación.

7ª ETAPA. Después de la tormenta, *casi siempre* viene la calma

Llega un momento en el cual no estoy segura si te habitúas a esta nueva vida, un tanto agitada por días, tranquila en otros y casi normal en ocasiones. El caso es que, tanto la rutina como las normas o el acompañamiento psicológico y terapéutico fueron evolucionando, sufriendo cambios y modificaciones, prácticamente demandados por mi propia hija. En todo momento he tratado de escucharla, negociar, pero en ningún caso de forzarla a nada. Y así es feliz. ¡Y yo también!

Es verdad que no siempre fue fácil, ha habido veces que se negaba o se hacía la *remolona* para hacer determinadas cosas, a lo que yo me limitaba a poner las cartas sobre la mesa. Le hacía ver lo que había conseguido con esfuerzo, y lo que pasaría si bajaba la guardia. Y le dejaba elegir. Si quería seguir adelante por este camino, sin dudarlo seguiría contando con mi ayuda. Si no, le tocaba seguir por libre. Pero siempre, siempre, la elección la tomaba ella. Si me pedía ayuda, se la daba. Si no, dejaba que suspendiera algún examen. Así valoraba su trabajo cuando había esfuerzo de por medio.

¡Aquí es cuando uno aprende a contar hasta cien! Confieso que en estas situaciones lo único que te apetece es dar un par de gritos, castigarla, zarandearla y hasta pegarle unos azotes en el culo... ¡si eso no te pudiera llevar a la cárcel! Pero gracias a todo lo aprendido no hacía nada de eso: respiraba, contaba hasta diez, veinte o treinta y, con toda la tranquilidad del mundo, le miraba a los ojos y le hablaba despacio pero con firmeza. Si titubeaba o levantaba la voz, lo fastidiaba todo. ¡Me río del autocontrol de los monjes tibetanos!

No hay que bajar la guardia jamás, apúntatelo con hierro hirviendo en la frente.

Mi pequeña *Sheldon Cooper*, además de no tener filtro en lo que decía y tener mala prensa gracias a su profe, también era más bruta que un *elefante en una cacharrería*, lo que no le hacía muy popular. Por eso, para reforzar sus relaciones sociales, empecé a organizar *quedadas* en mi casa con sus amigas para hacer sesiones de manualidades y juegos.

De estas sesiones aprendí dos cosas: primero, que era una excelente ocasión para ir corrigiendo su conducta de cara a su círculo social *sobre la marcha*; segundo, ¡que a mi hija no se le daban bien las manualidades! Aun así, hasta hoy tengo cosas suyas colgadas por las paredes... ¡y qué bien queda su autoestima como marco!

Aprovecho para destacar aquí algo que me encanta y hasta envidio de mi hija: es consciente de sus limitaciones, pero eso jamás la ha frenado a hacer cosas. Cuando le da *la vena*, y sin previo aviso, se baja al *chino*, se compra uno de esos lienzos de siete euros, coge las pinturas al óleo de su hermano (sí, el muy condenado, además de sabio, dibuja como los ángeles) y en dos días tiene un cuadro *muy a su estilo* colgado en la pared de su habitación. Eso sí, tarda otros diez días en recoger pinceles, pintura, trapos y quitar manchas del suelo y paredes. Pero eso es un detalle sin importancia.

A veces deseo ser como ella.

Importante: el hecho de que muchos niños diferentes sean muy creativos (su lado derecho del cerebro va a mil por hora) no quiere decir que tengan la motricidad fina desarrollada. Más bien todo lo contrario. Actividades con témperas y cola blanca pueden transformarse en una batalla campal de la que tengas malos recuerdos durante días, o hasta que se te quiten los pegotes de la pared. Cuando os pase algo así, ¡pensad que hasta eso es por un bien mayor!

Después de las sesiones de manualidades vinieron los campamentos didácticos con sus amigas —sí, también en mi casa, señoras y señores—, de tal forma que, como a nadie le gusta estudiar en vacaciones, nos servimos de *Hannah Montana* para hablar en inglés; de *Shakespeare* para escribir una obra de teatro y representarla, claro; de *Arguiñano* para trabajar los cinco sentidos; de *Neil Armstrong* para conocer y fabricar el Sistema Solar, de *Frankenstein* para explorar el cuerpo humano, ¡entre otros!

¡Ups! Sin querer, habíamos repasado todo el contenido del curso anterior y parte del siguiente.

Y aquí fue donde recibí uno de los tantos regalos más que esta experiencia aportó a mi vida: ¡redescubrí lo fascinante que era trabajar con niños! Y de ahí a transformarme en un *hada cuentacuentos* y terapeuta infantil ¡fue un paso! Pero esta es otra historia...

Lección maestra de sus Maestros

Volviendo a la escuela, con los siguientes profesores, después de la *señorita Mariflores*, encontré el apoyo tan deseado; como ya dije antes, con mucho esfuerzo, pues me tocó volcarme al cien por cien en los estudios con mi hija. Tanto es así que Carmen, su profesora de tercero y cuarto de primaria, ¡hasta me prometió darme un boletín de notas a mí también! La verdad es que me lo había ganado.

Pero mi gran sorpresa fue su profesor de quinto y sexto de primaria: ¡don Gregorio! Cualquier persona que lleve el *don* por delante ya impone, pues imaginaos a un señor algo canoso, repeinado, hecho y derecho, con su traje, corbata y maletín, entrando en clase. ¡Hasta yo me hundiría en la silla! Cuando me enteré que sería su profesor, me eché las manos a la cabeza, pues mi hija era la antítesis del orden, y patente estaba que no era una estudiante ejemplar. Lógicamente, ya fui pidiendo tutoría para ponerle al corriente, como hacía habitualmente a cada principio de curso con profe nuevo, con alguna esperanza de que fuera piadoso. ¡Pero don Gregorio no lo fue! Fue tan exigente con ella como lo era con los demás, le preguntaba tanto como a los demás, y le regañaba de la misma forma. Y aquí la sorpresa: ¡mi hija le adoraba! Era un profesor mágico. Y lo digo en serio, pues detrás de su traje había un mago de los que sacan su varita mágica ¡y hacen aparecer y desaparecer cosas! Cuando me enteré, me lo imaginaba tan señorial como Houdini, apareciendo entre una nube de humo y haciendo volar libros, cuadernos y estuches por toda la clase, ¡y treinta niños boquiabiertos mirando! Vale, ¡igual me estoy pasando un poco con la puesta en escena! El caso es que les tenía *requetemotivados*. Si terminaban pronto la tarea, o si decían todos los ríos de España, había sesión de magia al finalizar la clase. ¡Bueno, todo un tema para otro libro![3]

Pero quisiera aprovechar para contaros cómo fue precisamente mi primer encuentro con *don Gregorio,* pues creo que ilustra muchas cosas de las que encontraréis en este libro.

Resulta que justo un día antes de nuestra primera tutoría, mi hija llegó a casa medio llorando:

—Mamá, soy tonta... —dijo ella mientras miraba al suelo en señal de rendimiento total y absoluto.

—¿Por qué dices eso? —le pregunté, ya que llevábamos trabajando su autoestima desde primero de primaria.

—Porque saqué un cero en el dictado que hizo el profesor.

—Déjamelo ver —insistí.

Después de analizar su hoja de cuaderno arrancada de mala manera y medio arrugada y rasgada, donde una vez más quedaba pa-

---

3. Aprovecho para recomendar la lectura de «Educando con Magia» de Xuxo Ruiz Domínguez.

tente su falta de cuidado y motricidad, con una letra casi ilegible; le hice contar cuántas palabras había fallado.

—Diecisiete...

—¿Y cuántas palabras has escrito bien?

Aquí se entretuvo un poco más al contarlas, pues no estaban rodeadas en rojo. De repente, su carita se iluminó, me miró como si descubriera algo maravilloso, y me dijo:

—¡Ciento treinta y cuatro!

—Entonces, qué tienes más: ¿aciertos o errores?

No hace falta deciros que le salió una sonrisa de oreja a oreja al comprobar que no lo había hecho tan mal como pensaba. Le dije que siempre tenemos que ver el vaso medio lleno, no medio vacío. Ese día hicimos un pacto para que nunca más volviera a decir que era tonta.

Al día siguiente, en la reunión con el profesor, le hablé de Alicia, de su dificultad de aprendizaje, le enseñé el dictado y le conté lo que había pasado el día anterior. Llegamos al acuerdo de que él no pintaría de rojo los exámenes y dictados de Alicia, y le sugerí que sería ideal que los mensajes fuesen siempre en positivo, como «estás mejorando», «sigue esforzándote», y otros similares. Y lo aceptó.

Como ya dije antes, don Gregorio fue un profesor excepcional, con una dedicación y un amor hacia sus alumnos admirable. Me mantenía siempre informada, no le pintaba ni cuadernos ni exámenes de rojo y, sin exigirle nada diferente a los demás compañeros, logró mantener la motivación de Alicia durante los dos años que le dio clases. ¡Esta es la magia de amar lo que uno hace, sin duda!

Y así llegamos (sí, en plural, pues éramos un *equipo*) a secundaria.

Yo me había prometido a mí misma que una vez que Alicia terminara primaria yo *soltaría riendas*, me había propuesto incluso a volver a trabajar y confiar en la labor de fondo que habíamos hecho hasta entonces. Pero... ¿desde cuándo una *madre coraje* corta el cordón umbilical así sin más? ¡NUNCA! Te lo digo yo.

Así que lo que hice fue seguir tirando de *equipo*:

Isabel, su tutora de primero de la ESO (sí, mi hija logró llegar y terminar secundaria sin repetir curso, en contra de todo pronóstico) fue como un ángel que le acompañó durante este primer año de transición de primaria a secundaria de la forma más delicada y comprometida a la vez. Estamos hablando de un instituto público de estudios secundarios, por lo que, vuelvo a decir: cuando un profesor lo es por vocación, da igual quién le pague y quiénes sean sus alumnos. Se entregará a su misión en cuerpo y alma con todo el amor del mundo. Por ello, ¡gracias, Isabel!

También en secundaria tuvo a Vicente, un profesor de Matemáticas que no creía mucho en informes psicológicos. Sea como fuere, por esa razón o por otra, fue maravilloso con Alicia, pues empatizaba de una forma extraordinaria con ella y con cualquier otro alumno a quien pensaba necesitado de refuerzo. Por eso, se quedaba con todo aquel que necesitara apoyo a la hora del recreo y, con toda su paciencia, repetía tantas veces como hiciera falta la lección. En los exámenes, cuando veía que Alicia se quedaba en blanco, se acercaba a ella y le daba ese pequeño empujoncito que le permitía abrir el cajoncito correcto de su cabeza donde guardaba la información que le hacía falta en este momento. Con él, mi hija aprobó por primera vez matemáticas con buena nota. Y no le hacía falta saber si ella era o no TDAH, TEA o TÉ con limón. Simplemente sabía que necesitaba su ayuda.

Y ya que estamos en ronda de agradecimientos, de forma retrospectiva también me quito el sombrero frente a Tere, su inolvidable y hasta hoy amada maestra de Infantil, a quien, gracias a su inmensa creatividad y su trabajo excepcional con el proyecto «Filosofía para niños», ni siquiera se le pasó por la cabeza que mi hija fuera *vaga*, pues, como les hacía *volar con la imaginación*, la tenía totalmente motivada, lo que hacía que fuera una de las más participativas en clase.

Los cardos del camino

¡Lógicamente no siempre fue un camino de rosas! Alicia en su trayectoria escolar se encontró con muchos profesores maravillosos, y otros... bueno, digamos que menos maravillosos desde su punto de vista. Pero por eso mismo, grandes maestros de vida también.

Como ejemplo de dicha *maestría*, quisiera contar la historia de *Pepeflores*, su profesor de inglés de tercero de primaria.

El inglés nunca fue el fuerte de Alicia. Es más, si mal escribía entonces en castellano, como para escribir y hablar en inglés. Normalmente lo *empujaba con la barriga*, hasta que apareció *Pepeflores* en su vida. Él le exigía más de lo que ella era capaz de hacer, y eso le causaba un nivel de frustración muy alto que le provocó aversión a este profesor y, como consecuencia, suspendía todos los exámenes.

Coincidió que por esa época yo acababa de hacer un curso con Bernard Ligonniere, un terapeuta francés a quien siempre estaré agradecida, pues se puede decir que fue el responsable de *quitarme la venda de los ojos*, de hacerme ver que la transformación o sanación se produce de dentro hacia fuera y no al revés. «Nadie te cura, eres tú el que te tienes que curar», decía. Pero la gran lección que me dio Bernard es que la mejor medicina para todo era el AMOR. Si hay rencor u odio en tu corazón, enfermas. Si juzgas a los demás, enfermas. Si no dices lo que sientes, enfermas. Y si no quieres enfermar, combates ese sentimiento negativo con amor. ¡Es más sencillo de lo que parece! Nos enseñó una técnica hawaiana muy eficaz y a la vez muy sencilla, ya que consiste en desear a la persona que te hace o ha hecho daño que sea feliz. Así que lo puse en práctica con Alicia.

Todas las noches, antes de ir a dormir, charlábamos un ratito, o le contaba un cuento, o le cantaba una canción, o rezábamos por la familia y amigos, ¡según nos daba ese día! Era nuestro momento, así que aproveché para hacerle la propuesta:

—Ali, hoy quisiera que le desearas a *Pepeflores* que fuese feliz.

—¿Qué? ¡No pienso desearle que sea feliz! ¡Le odio!

—Ya lo sé, pero él solo hace su trabajo lo mejor que puede. Os cuesta entenderos, eso es todo. ¡Probémoslo! No pierdes nada. Sé que ahora no lo sientes, así que simplemente repite conmigo: «*Pepeflores*, que seas muy feliz».

Después de gruñir un rato, asintió:

—Está bien... *Pepeflores*, que seas muy feliz —dijo con la boca pequeña, casi sin separar los dientes.

Le di las gracias y su beso de buenas noches.

Al día siguiente, por la noche hicimos la misma operación:

—Venga, repite conmigo: «*Pepeflores*, que seas muy feliz».
—¿De verdad tengo que hacerlo?
—Sí, por favor, hazlo por mí, anda. No te cuesta nada.
¡A veces uno tiene que tirar de recursos emocionales! Y después de un largo suspiro, lo volvió a decir:
—*Pepeflores*, que seas muy feliz.
Y así lo hicimos durante varios días. Al principio le costaba más, pero al cuarto o quinto día ya lo decía sin importarle, como si no le afectara, como si ya no le *odiara*. Seguimos haciéndolo durante aproximadamente unas dos semanas, hasta que un día, al salir de clase, me dijo:
—Mamá, ¿sabes qué? ¡Me ha encantado la clase de inglés de hoy!
Me detuve y la miré ojiplática: ¡no daba crédito a lo que oía!
—¿Qué ha pasado? ¿Ha habido alguna fiesta, habéis hecho algún juego en clase? —Habrán cambiado el profesor, pensé.
Lo dije a sabiendas de que cualquiera de mis hipótesis era bastante inviable, pues en alguna ocasión había ofrecido a los profesores de inglés mis *cachivaches didácticos*, ante su rechazo y alegación de que «no había tiempo para jueguecitos en clase».
Que va, —dijo mi hija— en realidad la clase fue normal, como siempre, ¡pero estuvo guay!
¡Había funcionado! Bueno, sé lo que estáis pensando. Por momentos sí dudé que pasaría. Soy humana, ¿no? ¡Gracias Bernard, gracias *Pepeflores*, gracias Alicia!
Gracias, gracias, gracias...
Pero no os penséis que eso le ayudó a sacar notables en inglés. Siguió con mucho esfuerzo, aprobó inglés *por los pelos*, pero su actitud era diferente.
Cuando no te gusta una asignatura, tienes un problema, pero su solución es hincar más los codos. Cuando una asignatura te cuesta y además no te gusta el profesor, tienes dos problemas, pues acabas repudiando la asignatura y tus posibilidades de fracaso aumentan y se hace bola de nieve para el resto de tu vida.

La motivación, un factor imprescindible

No quisiera pasar a otro tema sin contar otra historia relacionada con el inglés y con la importancia de la motivación: como ya mencioné anteriormente, mi gran apoyo emocional fue siempre su pandilla y, por eso, este mismo año propuse a las madres de sus amigas apuntar a las niñas en un campamento en inglés que organizaba la biblioteca cerca de mi casa. Me dispuse incluso a llevarlas y a traerlas a todas a diario, con tal de que fuesen juntas. No hace falta decir que cualquiera de sus compañeras sacaba mejores notas en inglés que mi hija, por lo que estaba tranquila, pues sabía que si se *perdía*, sus amigas le ayudarían en las actividades. Al recogerlas al final del primer día, venían todas emocionadas, contando lo que habían hecho, que si manualidades, cuentacuentos, juegos... Vamos, que se lo habían pasado fenomenal. A lo que les pregunté:

—¿Y habéis entendido todo? —Esperando que mi hija protestara.

A lo que Daniela, una de sus amigas, respondió:

—Bueno, casi todo. ¡Pero lo que no entendíamos nos lo explicaba Alicia!

En este instante no me di un golpe con el coche porque no venía otro detrás, pero sí que frené y miré a Daniela por el espejo retrovisor algo desconcertada, esperando que me dijera que «era una broma». Pero no. ¡Era tal cual!

¿Lo veis? En una situación de juego, de movimiento, de actividad constante, donde su mente puede ir a *su* frecuencia, un niño *diferente* puede mantener la atención y comprender la información que le llega bajo estas circunstancias, pues el juego es el lenguaje universal de los niños.

Quiero destacar aquí que Alicia siempre fue a escuelas públicas, pues siempre consideré que en todas partes hay maestros muy bien preparados y otros menos informados o carentes de vocación real, así como psicólogos, padres, carpinteros e ingenieros, cuesten sus servicios más o menos, tengan más o menos recursos, trabajen en el sector público o privado.

Como ejemplo, quisiera hacer otro paréntesis para contar una escena que vi en el aeropuerto de Madrid hace unos años, y que me llamó tanto la atención que siempre lo cuento para demostrar que la profesionalidad está directamente relacionada con el AMOR que le dediques a lo que haces:

Buscaba yo un carrito para poner las maletas, cuando de repente oí detrás de mí: «Para una bella señorita, ¡marchando un carrito fórmula uno!». Me di la vuelta como pude para darle las gracias, cuando el intrépido mozo salió cantando —sí, cantando— y, empujando una fila enorme de carritos. Le observé durante unos instantes, y vi cómo saludaba a todos con quienes se cruzaba, hasta que se detuvo delante de una señora mayor que iba en una silla de ruedas empujada por un posible familiar que no se apañaba muy bien entre las maletas y la silla de ruedas. No pude escuchar exactamente lo que le dijo, pero vi cómo la señora levantó la mirada y le sonrió como si le hubiera contado algo muy gracioso. Inmediatamente, dejó su fila de carritos a un lado y se dispuso a llevar a la señora mientras le seguía haciendo bromas y cantando a la vez a pulmón abierto. Eso sí lo escuchaba, ¡y creo que medio aeropuerto también! Observé que todas las personas que pasaban por él no podían dejar de sonreír y, aunque fuese por unos instantes, se olvidaban de su carrera personal para no perder el vuelo.

Lo admito: en aquel instante le envidié profundamente por tanta felicidad y tanto amor que emanaba. ¡Quería ser así también! ¿Os imagináis que todos fuéramos así?

La lección que saco de ello es que todo es válido: los *buenos* profesionales nos acompañarán de corazón en nuestro viaje y nos ayudarán a cargar el equipaje, mientras los demás nos darán la oportunidad de ser más fuertes, independientes y creativos en nuestra búsqueda de recursos alternativos. Cada persona con quien nos cruzamos en la vida tiene un papel fundamental en ella y eso hay que observarlo, respetarlo y aceptarlo. Lógicamente nos quedan mejores recuerdos de los que fueron compasivos y *mágicos* con nosotros. Pero si a los otros les viésemos como maestros que se han *ofrecido* para despertarnos, para darnos una importante lección de vida, solo podríamos ser agradecidos por su papel en este *juego*.

En todos estos encontronazos con profesores *mejores* y *menos mejores*, también he aprendido a respetar mis propias reacciones y sentimientos. Mentiría si dijera que jamás he discutido con algún profesor. ¡Claro que lo hice! Más de uno logró sacarme de mis casillas. Pero ahí está también la importancia de reconocer este lado humano de uno mismo. Exploto, digo lo que pienso (quizás también le venga bien a este *profe*, pues le sirvo de espejo), pero luego, por la noche, ya en la calma de mi corazón, le deseo que sea feliz. Como *Pepeflores*, como la *señorita Mariflores*...

Una vez más, gracias, gracias, gracias.

8ª ETAPA. Si mi hija es feliz, ¡todo lo demás me da igual!

Ser una *madre coraje* no es fácil. Implica escuchar constantemente «le mimas demasiado», «tu hija es una maleducada», «no sé por qué lo haces, pues el día de mañana no te lo agradecerá». Esta última frase la escuché miles de veces.

¿Qué es lo que hay que agradecer? No me imagino a mi hija diciéndome: «Mamá, gracias por haberme traído a este tormentoso mundo donde soy una incomprendida y gracias por intentar que yo no lo note».

¿En serio?

De verdad, ¿por qué se molestan tanto en juzgarnos? Es *mi* vida, no la de ellos. Solo quiero que me dejen ser todo lo feliz que pueda ser *mimando, consintiendo* y siendo *altruista* en lo que a la educación de mi hija se refiere. Aunque también os digo una cosa: conozco a muy pocos niños como mi hija que sigan tan estrictamente una rutina, que tengan normas y horarios hasta para rascarse la barriga y que a la vez puedan decir que no solo son felices con todas estas restricciones (tengo unas cuantas ofertas de trabajo del ejército sobre mi mesa, créeme), sino que además, no me odia por ello. Si esto es mimarla, sí soy culpable.

Pero para mí la que se lleva la guinda es esta frase: «¿No crees que lo del Déficit de Atención es una invención de los laboratorios?», y no merecen menos atención los que dicen: «El Déficit de Atención está sobrevalorado». La mayoría de los psicólogos diría que «no» (afortunadamente), algunos psiquiatras dirían que «sí» y muchos familiares que se creen expertos en educación también dirían que «sí». Y los padres de un niño TDAH dirían (sobre estos últimos), «ojalá algún día tengan un hijo como el mío».

Concretamente, hace unos días leí una entrevista de un catedrático[4] donde afirmaba que «El TDAH no existe [...] es al final una etiqueta desafortunada para referirse a conductas normales de los niños que, si suponen algún problema, este se habría de abordar como tal».

Está claro que este señor no tiene hijos con TDAH. Y desde ahí, lo siento mucho, pero teorizar sobre algo de lo que no se tiene experiencia real, *para mí*, no sirve. Es algo así como tomar clases para ser capitán de barco con un tío que no tiene barco. El día que un catedrático con algún hijo como Alicia diga eso, entonces le escucharé.

Aun así, muy resumidamente, haré eco de las palabras de Ana Beatriz Barbosa[5] sobre los estudios de Alan Zametkin (National Insititute of Mental Health) llevados a cabo en los años 1990, donde afirma que «hay una variación química en el lóbulo frontal de niños con TDAH que hace que se reduzca la actividad energética de su cerebro. Considerando que esta parte actúa de «filtro» inhibidor a todos los estímulos externos recibidos, si este filtro falla, el cerebro no filtrará adecuadamente la información», por lo que imaginaos el *cacao* que se debe formar ahí arriba. Demasiada información sin procesar correctamente. Como decía una de las psicólogas por las que pasó Alicia, «¡un colador lleno de agujeros!».

Ojo, quiero aclarar que no creo que el TDAH sea una *enfermedad*, pero sí creo que es un trastorno cognitivo. Son conceptos muy diferentes que requieren tipos de atención diferentes.

Solo menciono todo esto para deciros que, después de enfrentarme a muchos amigos, familiares, conocidos y desconocidos para de-

---

4. Marino Pérez (revelo su nombre no para que toméis represalias, sino para que podáis comprobar la información).

5. Ya mencioné anteriormente su libro *Mentes inquietas*. Es mi *biblia* sobre estos temas —lástima que todavía no esté publicado en español—. Y su autora es psicóloga y TDAH.

fender esta última teoría, me cansé. Me di cuenta de que, en realidad, ¡ya no me importa lo que piensen los demás! Y esta será mi ÚLTIMA GRAN VERDAD QUE QUISIERA COMPARTIR CON VOSOTROS:

(Letras luminosas, parpadeo...)

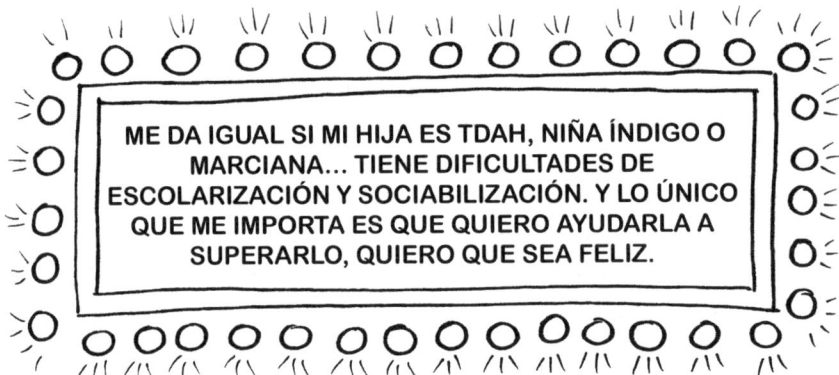

ME DA IGUAL SI MI HIJA ES TDAH, NIÑA ÍNDIGO O MARCIANA... TIENE DIFICULTADES DE ESCOLARIZACIÓN Y SOCIABILIZACIÓN. Y LO ÚNICO QUE ME IMPORTA ES QUE QUIERO AYUDARLA A SUPERARLO, QUIERO QUE SEA FELIZ.

Lleve el *rótulo* que lleve.

No sé si el cerebro de mi hija será como un colador o no, pero desde luego *algo enredado* hay ahí. Alicia, desde que cogió una pintura por primera vez en su mano, jamás hizo garabatos como los demás niños. Hacía líneas y líneas de *rollitos* o *nudos*, como se quieran llamar. Los guardé todos. Tengo libretas y más libretas con todas las páginas así pintadas, y folios y más folios. Ningún profesor ni psicólogo supo decirme exactamente qué significaba. El tiempo me hizo entender que era su vía de escape. El *nudo* que había en su cabeza tenía que salir por algún lado para aliviarla. Como diría Ana Beatriz, «el TDAH es un funcionamiento mental acelerado».

La navidad llega ya.

Cuando tenía entre siete y ocho años, la encontré haciendo un dibujo muy ilustrativo de cómo ella veía a su propia mente: con un montón de cajoncitos. Pero casualmente todos sus nuditos, los del anterior dibujo, estaban fuera de ellos. Es como si supiera que los tenía que ordenar, los tenía que poner cada uno en su sitio, pero no sabía muy bien cómo. En otra parte del dibujo, representaba su clase con sus amigos. Según mi interpretación, también tenía conciencia de que necesitaba organizar bien esta información para poder ir a clase con sus amigos y poder hacer lo mismo que ellos.

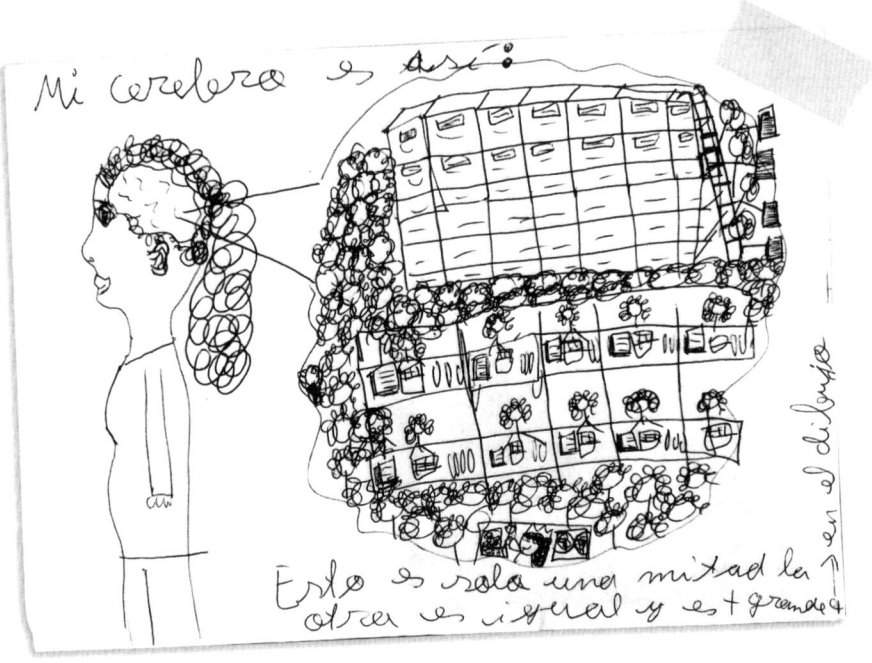

Por otra parte, muchas madres se habrán preguntado, como me ha pasado a mí, ¿cómo es posible que un niño con problemas de atención pueda estar tantas horas frente a la televisión, jugando a los videojuegos o con la *tablet*? Es más, te puedes pasear por delante de ellos mientras hacen cualquiera de estas actividades y es como si fueras invisible, ¡no existes!

Fácil. Todo lo digital son elementos que van a la misma revolución que su mente. Por eso los niños con TDAH pueden llegar a ser informáticos brillantes, pues todo lo que sea electrónico o relacionado con la tecnología les atrae. O todo lo que les lleve a un ritmo acelerado de proceso mental. Algo similar pasa también con los niños TEA (Trastorno de Espectro Autista). Es como una radio con diferentes emisoras, les tienes que encontrar la frecuencia adecuada y, desde ahí, conectarte con ellos.

Eso me recuerda una vez que compramos un ventilador de estos que tienes que montarlo tú mismo, y cuando el padre de Alicia ya había sacado todas las piezas de la caja, se dio cuenta de que tenía que ir a recoger a mi hijo en su clase de kárate. Alicia, que entonces tenía unos ocho años, se había quedado excitada con todo aquello tirado por el suelo y empezó a enredar con las piezas y el manual de instrucciones. Desde la puerta del comedor yo me limité a observarla, asombrada por la velocidad y facilidad con que el puzle iba encajando entre sus pequeñas manos. Cuando su padre volvió a casa, el ventilador ya estaba enchufado y funcionando de maravilla, con cada pieza en su sitio.

Desde entonces, siempre que nos cambiamos de móviles u ordenadores, Alicia es la primera en husmear en ellos. Además, si algo realmente le llama la atención, es capaz de tirarse una tarde entera u horas y horas con ello. Eso también tiene que ver con el *hiperfoco*, una característica de algunos niños con TDAH, que vuelcan toda su atención en una determinada cosa hasta resolverlo, montarlo, o hasta que se den por satisfechos. Otro ejemplo fue el día que descubrió el «Genius», ese juego de memoria electrónica con repetición de sonidos: se tiró varios días con él —y nosotros con el *pin, pin pum pam* ya de soniquete grabado en la cabeza—. ¡Qué cansina, oye! Pero son momentos de felicidad para ella. Algo que le hace bien y que no le genera frustración, ya que su ritmo estaba totalmente sintonizado con su mente.

Otro juego espectacular para niños hiperactivos es el de «Fantasma Blitz» (Devir). Nadie les gana, pues requiere una velocidad mental y visual que no tiene cualquiera. Al fin y al cabo, la idea es descubrir cosas que sí hagan bien, que disfruten haciéndolo, y hasta puede que se vuelquen tanto en ello que descubran un gran talento.

En el caso de Alicia, siempre le han encantado las series policiacas. Las ve todas, se sabe todo sobre ellas y no se cansa de verlas, aunque sean capítulos repetidos. Al principio no nos hacía mucha gracia, pues parecía una obsesión por la tele. Hasta que, cuando tenía catorce años, nos dijo que lo tenía claro: quería ser inspectora de policía. No una poli cualquiera, no. ¡Una que se dedicara a investigar asesinatos! Me pidió que la acompañara a una de estas ferias donde los centros de formación promueven los estudios superiores, y se fue directamente al estand de la Policía Nacional. Como le dijeron que se tenía que esforzar, sacar buenas notas, prepararse físicamente y estudiar leyes, se tomó muy a pecho sus estudios desde entonces. Hubo un cambio radical en su actitud, pues fue como si de repente todo cobrara sentido, tenía un objetivo, una meta que cumplir. ¡Algo así como los dibujos estos que ves de un hombre sujetando con un palo una zanahoria para que el caballo ande! Ser *poli* era la zanahoria que necesitábamos. ¡Eureka!

Si hasta aquí te has sentido identificado con mi historia o parte de ella, te invito a que sigas leyendo, pues a partir de ahora quisiera compartir mis verdaderas *recetas*, mis trucos, algunos más prácticos y otros más holísticos, y *cachivaches* didácticos que me permitieron ayudar a mi hija a ser lo que es hoy: FELIZ. Y aunque jamás lo hice esperando nada a cambio, también me siento recompensada: no pasa un día sin que mi hija no me diga que soy «la mejor madre del mundo». Y si así lo siente ella, ¡es porque algo bueno habré hecho en todo este tiempo!

Tú también lo puedes hacer. ¡Ahora te toca!

Definiendo a niños «diferentes»

A veces tengo la sensación de que *me repito más que el ajo,* pero por si acaso, lo vuelvo a decir: no soporto los rótulos. Y aun cuando intento quitarlos, al decir «niños diferentes» creo que los vuelvo a poner. Es algo así como un bucle lingüístico del que no sé salir, así que, a ver si logro hacer algo así como enseñar los rótulos socialmente existentes para, a continuación, arrancarlos todos.

Pero antes quisiera destacar un dato importante: no os podéis imaginar la cantidad de famosos «diferentes» diagnosticados con TDAH, Asperger, TEA, dislexia o altas capacidades que canalizaron su atención en una determinada actividad y destacaron en ella. En muchos casos, incluso hay una combinación de una o dos de estas características. Cito como ejemplo a Mozart, Leonardo da Vinci, Steve Jobs, Henry Ford, Will Smith, Bill Gates, Luis Rojas Marcos, Pablo Motos, Anthony Hopkins, Greta Thunberg, Albert Einstein, Cher, Henry Ford, Jennifer Aniston, John Lennon ¡y muchos más!

Podéis descubrir más sobre sus trayectorias en la web de la fundación CADAH[1] y otras fuentes en internet.

Sorprendente, ¿no? Y ninguno lleva el rótulo escrito en la frente. Y hoy son personajes destacados, encontraron su espacio, ya nadie les juzga.

---

1. https://www.fundacioncadah.org/web/

Pero definamos un poco qué es ser un niño diferente:

Existen cientos de alteraciones emocionales o cognitivas que conllevan a una alteración conductual (y a veces física) como el Trastorno por Déficit de Atención con o sin hiperactividad (TDAH o TDA), el Trastorno del Espectro Autista (TEA), el Síndrome de Asperger, el Síndrome de Down, el retraso madurativo, la dislexia, la discalculia, el Tourette, las altas capacidades... entre muchos otros que recoge el DSM (*Manual diagnóstico y estadístico de los trastornos mentales*).

Por otra parte, también tenemos otro tipo de clasificación más *holística* del *ser*, que habla de niños de la «Nueva Era»: los índigo, cristal, arcoíris y diamante. Es probable que en muchas ocasiones las alteraciones antes mencionadas sean interpretadas con este otro formato. En cuanto a características, me arriesgaría a comparar a los índigo con los TDAH, los cristal con TEA o Asperger, y los diamante con niños con altas capacidades. Los arcoíris no tienen similitudes con trastornos reconocidos, ya que son niños muy alegres, conciliadores, bien humorados y con una gran capacidad empática. En cualquier caso, lo que sí tienen todos en común es que suelen ser niños con una gran sensibilidad, capacidad e intuición espectaculares, aunque la mayoría de las veces no son comprendidos por el resto de la sociedad precisamente por ser «diferentes». Son las nuevas generaciones de niños que ya vienen con una alta conciencia *de serie*, pero que en muchas ocasiones no encuentran su lugar en el mundo.

Por último, pero no por eso menos importantes, quisiera mencionar los niños con malas conductas adquiridas, ya sea por una educación limitante o limitada, por un bloqueo o trauma vivencial. El problema a veces es precisamente no tener un «rótulo» específico, ya que entonces se les tacha de *vagos, maleducados, revoltosos* y otros clichés que ni me merece la pena mencionar. Son igualmente incomprendidos e incluso se les tiene menos paciencia que a los demás.

He tenido la suerte de cruzarme con unos cuantos niños diferentes en mi vida, además de mis dos hijos, hasta el punto que creo que ya los huelo a la distancia. Como cuentacuentos, en varias ocasiones les veo entre la multitud o grupos de niños... les miro a los ojos y sé que son diferentes. Todos tienen una mirada dulce, pero a la vez como si gritasen «ayúdame».

También me he encontrado en algún taller o terapia con adolescentes diferentes no diagnosticados. En este caso, hay una gran frustración, pues sienten que algo les pasa, que no son como los demás, que no encajan y sufren por no pertenecer a un grupo social. En algunos casos he tenido la oportunidad de trabajar con el grupo y aportarles otra mirada sobre el compañero. El cambio en el comportamiento de los demás hacia ellos ha sido inmediato y han logrado integrarse con amabilidad.

Lo mismo me pasó con dos jefes que tuve en dos trabajos distintos (¡te digo yo que me persiguen!): ambos asperger no diagnosticados, y totalmente rechazados por sus empleados. Cuando les explicaba a los demás lo que les pasaba, bajaban la guardia y eran más tolerantes y comprensivos con ellos.

¿Qué tienen en común todos estos niños, adolescentes y adultos (ya sean diagnosticados, los de la Nueva Era y los que se desmarcan de un comportamiento «normal»)?

1. Que la mayoría de las personas no saben tratarlos.
2. Que en un grupo de *muchos* son los «diferentes».
3. Que todos son GRANDES MAESTROS.

Por esta razón, a partir de ahora trataré de no mencionar lo de TDAH, TEA, dislexia, Asperger, altas capacidades u otras variantes. Hablaré de niños *activos, movidos, despistados, diferentes, despiertos, inteligentes, sabios*... o mencionando su verdadero *rol* en esta vida: ¡el de GRANDES MAESTROS! Si tenemos a uno de ellos cerca de nosotros, debemos abrirnos a aprender de ellos, pues puede que precisamente estén en nuestras  vidas para hacernos de espejo y trabajar nuestro punto débil, como puede ser la tolerancia, la paciencia, la constancia, la amabilidad, o incluso el AMOR INCONDICIONAL.

Sé que estoy en esta vida *por ellos*, sé que mi *misión* es precisamente abrir los ojos a su entorno y guiarles, tanto a los niños como a sus padres, en ese camino de aprendizaje y convivencia.

También sé que si estás leyendo este libro es porque uno de estos MAESTROS está en tu vida. Así que, ¡manos a la obra!

¿Y cuál es *tu* historia?

Me he destripado y te he contado *mi* historia, con *mis* circunstancias y experiencias. Es probable que te hayas identificado, ¡y estás a tiempo de evitar el colapso en tu vida! Pero está claro que *tú* tienes tu propia historia. Mi hija, como ya dije antes, fue mi maestra —acuérdate que ya paso de rótulos— por ser, a vista de los demás, *más rara que un perro verde*, con un problema de adaptación escolar importante, con dificultad para sociabilizarse y bruta como ella sola, tanto física como verbalmente.

Pero puede que a tu hijo no le pase nada de eso, que lo que le hace ser «diferente» sean otras cosas. Puede que esté diagnosticado, o no. Al escribir este libro, dudé mucho sobre dirigirlo solo a niños con las mismas *rarezas* que mi hija o ampliar el abanico. Al final, por mi experiencia como terapeuta, he decidido que la segunda opción era la más acertada, pues en mis sesiones con niños he detectado que, independientemente del perfil de cada uno, la base de mi *receta de bizcocho* era prácticamente la misma. Solo le cambiaba las dosis de algunas cosas según el caso, chocolate o limón en otros, ¡y listo!

Además, volvemos a lo de los rótulos. Da igual lo que le hayan diagnosticado: si es hiperactivo, despistado, excesivamente creativo, travieso, TEA, asperguer, inteligente, si tiene retraso madurativo, si es índigo, cristal o marciano. El caso es que necesita propuestas de soluciones para encontrar la armonía en su vida —y tú en la tuya—.

Empecemos por el principio. Hagamos un poquito de análisis de la situación...

¿Qué es lo que no va bien en tu vida?

No me hace falta tener una bola de cristal para saber lo que te pasa. Si estás leyendo este libro, está claro que es por algunas (o todas) de estas razones:

- Tu hijo te saca que quicio.
- La profe de tu hijo te saca de quicio porque no le entiende.
- Tu pareja te saca de quicio porque no comparte tu forma de educarle.
- Tu suegra (u otro familiar) te saca de quicio porque cree que lo haces fatal.
- Acabas agotada al final del día.
- Ya ni tú misma te reconoces.
- No tienes tiempo para ti.
- Tu relación de pareja se está viendo afectada por el estrés del día a día.
- Necesitas recursos para educar a tu hijo y no sabes de dónde sacarlos.
- Te sientes frustrada e impotente porque muchas veces ni sabes qué hacer o cómo hacer para que las cosas vayan a mejor.
- No sabes si eres tú la mala madre o efectivamente los demás son los *extraterrestres* y no te entienden.

Hala, ya está, ya he abierto tu Caja de Pandora, así que ahora RESPIRAAA...

Si te sirve de consuelo, a mí me pasó todo eso y sobreviví. Así que tú también lo harás.

Lo primero que debes saber es que si crees que tú eres quien va a *salvar la patria*, que tu hijo te necesita, te equivocas. Es todo lo contrario.

Te lo voy a explicar con un cuento:

Érase una vez un alma del cielo que ya había vivido varias experiencias en la Tierra, y en cada una había podido experimentar distintas emociones: el dolor, la tristeza, la congoja... Y aunque al principio no entendía bien las razones, con el tiempo pudo advertir que quienes provocaban sus sentimientos más penosos eran ángeles enviados del cielo, de Dios, y que siempre superaba la prueba.

Cuando pudo entender por qué existen los opuestos, dijo:

—Dios, ya me enseñaste a saber que soy Luz y que puedo brillar aún en la mayor oscuridad, pero quiero pedirte otra cosa.

— Pequeña alma, escucho atentamente tu pedido —le dijo Dios.

—Quiero experimentar el AMOR INCONDICIONAL.

—Pero si eres puro amor, pequeña alma, Todo es Amor. Cuando creé el universo en cada partícula puse de Mi Amor y por eso no hay nada que no lo tenga —respondió Dios.

—Pero yo quiero saber cómo se siente el amor, cómo es tener en un cuerpo humano Tu Amor, mi amor, el amor de todos. Me gustaría palpar el amor de verdad, advertirlo, vivirlo, experimentarlo.

Dios la miró un rato en silencio y luego le dijo:

—Me estás pidiendo que te permita vivir la experiencia más dura de todas, la prueba más difícil... ¿Estás segura de ello?

—Sí, sí, yo quiero sentir todo el amor del mundo, quiero tocarlo —dijo la pequeña alma, contenta.

Dios entonces convocó a todas las almas más viejas y les explicó el deseo de la joven alma. También les dijo que necesitaba un alma «voluntaria» que bajara con ella a la Tierra para que pudiera vivir dicha experiencia.

En un principio, todas las almas dieron un paso atrás y agacharon la cabeza, pues todas sabían lo que eso significaba. De repente, entre todas las almas, una levantó la mano y se acercó a la pequeña alma.

—Yo bajaré contigo para que logres sentir amor de verdad. Pero vas a tener que amar todo lo que haga, aunque te haga sufrir, aunque pareciera que no me importan tus sentimientos, aunque llores una y otra vez por mi culpa. Eso sí, mírame bien a los ojos ahora, pues cuando estemos ahí abajo puede que no logres recordarme, y quiero que simplemente sepas que si lo hago, es POR TI, para que descubras EL AMOR INCONDICIONAL.

(Autor desconocido)

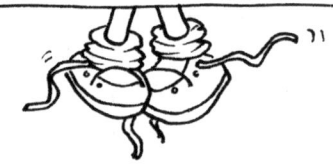

Así es. En realidad, tu hijo está aquí por ti. Es esa alma voluntaria que pactó contigo venir a enseñarte qué es el *amor incondicional*. Así que no te des de *lista*, pues no eres tú la que le vas a ayudar, sino que es él quien vino a ayudarte a ti, a recordarte quizás cosas de tu infancia, de tu relación con tus padres, o de tu relación con tu pareja, o contigo misma hoy y ahora, que necesitan tu atención.

Bueno, igual decirte esto así, *sin anestesia*, es pretender mucho, sin conocer tus creencias o la información previa que tengas sobre rollos de *otras vidas*, *pactos de almas*, *grupos de almas* u otros datos ya muy zen o *frikis*.

A mí al principio también me descolocó mucho todo este tema, no te creas. Pero con el tiempo todo va cobrando sentido y las piezas van encajando. Y solo cuando decides abandonar tus *viejas creencias* es cuando liberas un espacio en tu mente para *lo nuevo*, y si encima ves que ese nuevo es bueno, lo aceptas y lo integras en tu vida.

Te cuento lo que me pasó a mí...

Aunque yo nací en una familia muy tradicional y mis principios siempre estaban fundamentados en las leyes de la Iglesia, al aparecer Alicia en mi vida me trastocó absolutamente todo, y empecé a salir de mi *burbuja* para buscar nuevas ideas que me permitiesen entender y gestionar lo que pasaba.

Recuerdo que la primera *zarandeada* me la dio Bernard Ligonniere durante el curso que hice con él, conforme lo cuento en el capítulo de «*Mi* historia...». Fue un fin de semana tan intenso, con tantos conceptos nuevos que aceptar, que me pasé todo el tiempo de la formación con un dolor de cabeza horrible. Bernard me decía que eran mis resistencias a aceptar lo nuevo, que de repente estaba pidiendo a mi cerebro que echara fuera todos los conceptos y creencias recibidos hasta entonces por mis padres para dar paso a otros que me cambiarían la vida. Como si fuera tan fácil como cambiar una bombilla. Cuando por fin logré relajarme, dejarme llevar y aceptar, se me pasó el dolor de cabeza y fue como si, efectivamente, se encendiera una lucecita en mi vida. Todo era tan claro como si siempre hubiera estado ahí esta información, tan cerca, y no la veía.

Entre otras muchas cosas, Bernard me hizo ver que la reencarnación no solo existe —hasta entonces no lo tenía muy claro—, sino que además pertenecemos a un grupo de 144 almas (ya... yo también me he preguntado por qué 144. Podrían haber sido 150, para redondear, ¿no? ¿A lo mejor nos *bajamos* en un tipo de autobús galáctico de almas de 144 plazas? Pasará como con los autobuses escolares, que tienen 38 plazas, ¡no 40, como sería lógico!) y que una y otra vez coincidimos en la Tierra para seguir aprendiendo lecciones que nos harán alcanzar un estado de conciencia superior.

Vamos, como si cada vida fuera un nivel de un videojuego: según superas la prueba, subes de nivel y, si no, repites curso pero con otras cartas. ¡Y encima con tus *colegas*! Lo único es que en cada nivel estos *colegas* asumen un rol diferente: en esta *quedada* de tu alma y de otras tantas, a veces te toca ser padre de quien fue tu hermano, o esposa de un alma que en algún momento fue tu hijo o abuelo. En fin, ¡un lío de mucho cuidado! Dios será medio mexicano, porque le mola un culebrón bien enredado. En cualquier caso, a veces tenemos que aprender una lección tan importante que solo un alma a la que amamos mucho sería capaz de ayudarnos a superarla. Como el alma de un hijo.

Por eso dicen que los hijos, antes de nacer, eligen a sus padres, eligen dónde quieren nacer. Y no siempre con el fin de *ser felices y comer perdices*, sino con el objetivo de aprender o enseñar una lección, tanto por parte de sus progenitores como de la suya misma. Probablemente la gran prueba de *amor Incondicional* que ilustra el cuento del alma joven.

¿Por qué mi hijo es así?

Por si no lo has *pillado*, ¡tu hijo ha venido a espabilarte! Sí, a sacarte de tu zona de confort por amor, a ponerte a prueba por amor, a hacerte llorar por amor, a hacerte reír por amor, a sacarte de quicio por amor, a poner a prueba tu relación de pareja por amor, a volverte loca... por amor.

A que a pesar de todo lo que llevas sufriendo por él, ¿le amas con locura?

Pues bienvenida al club.

También es cierto que puede que te haya elegido a ti en esta vida como progenitora porque según su aprendizaje de vida, para cumplir con esa *carta misión* que le ha tocado, necesita alguien como tú para acompañarle.

Así que, volvemos a sacar los rótulos luminosos, pero esta vez no para declarar verdades absolutas, sino para ir destacando los pasos más importantes a seguir:

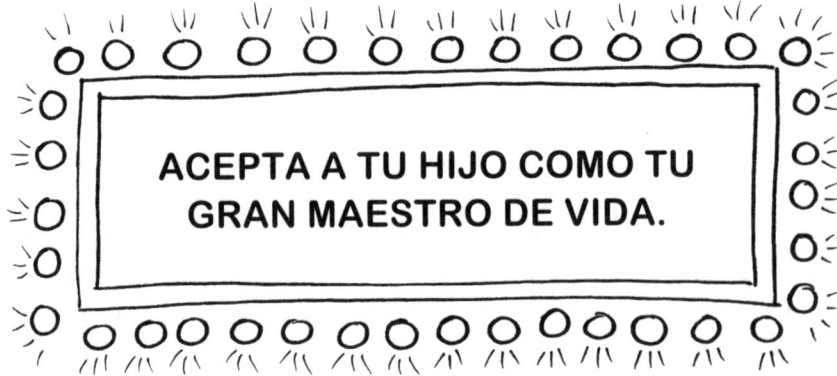

ACEPTA A TU HIJO COMO TU GRAN MAESTRO DE VIDA.

Ahora que ya sabes que tu hijo está aquí para darte una lección de vida, vamos a hurgar un poquito más en la parte terrenal: a menos que lo que le pase sea fruto de un error médico o accidente, todo eso que le hace ser «diferente» ¿no te resulta familiar? Mira a ver si a alguien más en tu familia o en la de tu pareja le pasa o le ha pasado lo mismo que a tu hijo. Es probable que ninguno de los adultos de tu entorno haya hecho una prueba de diagnóstico en su vida. ¡En anteriores generaciones se arreglaba todo con un buen zapatillazo en el culo!

A mí me tocó mirarme al espejo. Sí, era yo la portadora genética de tal disfunción atencional, ¡no era culpa de mi suegra, como quería creer! El caso es que a medida que reconocía todas estas características, también me quitaba el sombrero ante mi madre, pues no me di cuenta de lo *insoportable* que tuve que haber sido, ¡hasta ahora que me toca estar al otro lado! Aunque es verdad que a nivel escolar no tuve grandes problemas, pero porque tuve la gran suerte de tener unas profes maravillosas —a mis cincuenta años tengo a la de mi segundo de primaria en mi Facebook— que me tenían muy bien motivada durante todo mi periodo escolar, y una madre que no me dejaba bajar la guardia ni a sol ni a sombra. Lo único que recuerdo es que en mis boletines solo me reprochaban lo mucho que hablaba y me paseaba en clase. Algunos hábitos se quedan para siempre, os lo aseguro.

También es cierto que siempre me manejé por la vida como si llevara *un petardo en el culo*, haciendo siempre mil cosas a la vez, dejando cosas sin terminar, con varios frentes abiertos. Este libro mismo lleva años a medio escribir.

Como anécdota, recuerdo que tuve un novio que me dijo en cierta ocasión que hacía demasiadas cosas a la vez y que apenas teníamos tiempo para vernos y que, por lo tanto, «debería dejar algo», me decía. Y eso hice: le dejé a él.

¿A quién se le ocurre intentar quitarle las alas a alguien que vive volando?

Que también te sirva de lección: jamás lo hagas. Debes dejar volar a tu hijo para que sea capaz de descubrir sus propios dones, aunque átale un cordoncito a su pie para ver por dónde va, por si le tienes que ayudar a encontrar su camino.

¿Ya has encontrado el hilo genético? Bueno, si no es por parte de tu familia, probablemente será por parte de la de tu pareja. Así que, solo te queda aceptarlo y poner en práctica los mismos ejercicios que veremos de aquí en adelante para facilitarte la vida a ti o a tu pareja y ser compasivo con tus o sus circunstancias personales. Recuerda: cualquiera puede *entrenarse*, independiente de la necesidad, edad, sexo o localización geográfica. Solo depende de la voluntad. Nuestro cerebro es más moldeable de lo que nos imaginamos, y el de un niño mucho más.

Ahora dejemos esta parte más terrenal para hurgar un poquito más en lo espiritual. Sigamos hablando de *espejos*.

Espejito, espejito...

Al principio de mi *despertar*, mi sobrina Juliana me regaló un librito que así a primera vista parecía poquita cosa, pequeño, finito. ¡Pero no recuerdo coger tanta llantina con un libro como me pasó con ese! Válgame Dios, cómo pudo rascar tanto dentro de mí.

Se llamaba *La Ley del Espejo*, de Yoshinori Noguchi.

Básicamente decía que todo en nuestra vida es un espejo. Si algo no te gusta de otra persona, busca por qué no te gusta o averigua si eso mismo te pasa a ti, pues seguro que es algo que te lo tienes que trabajar tú.

Por ejemplo, volvamos a sacar uno de los puntos que te afectan hoy por hoy:

«Mi hijo me saca de quicio».

¿Y tú? ¿Sacabas de quicio a tu padre o a tu madre? ¿Recuerdas por qué lo hacías? ¿Cómo era la relación con ellos? ¿Cómo es hoy? Exactamente como ves o sientes a tus padres hoy es como te ve tu hijo. Si trabajas eso en ti, si les perdonas, les aceptas y eres agradecida con ellos, sin que hagas nada más, la actitud de tu hijo hacia ti también cambiará. También puede ser porque tu hijo te destapa una de tus debilidades, como puede ser la poca paciencia, o el poco tiempo que le dedicas, o tu perfeccionismo por querer que él haga todo como tú quieres...

Si no es el caso, sigue buscando. Lo que te molesta de él es cómo te comportas en algún aspecto de tu vida, y eres tú la que debes cambiar primero. Pero, para eso, debes quitar la venda de los ojos, desprenderte de tu ego y solo observar.

En mi caso, una de las cosas que más me molestaba de mi hija era que fuera hermética. No era capaz de expresar en clase, por ejemplo, lo que pensaba. Su profe de primero de primaria le ponía *a parir* delante de toda la clase, y ella ni *mu*. No decía nada en el momento ni tampoco cuando me lo contaba. Y yo no entendía por qué. Le tenía que sacar las cosas con cuchara o enterarme por sus amigas, o por las madres de las amigas, que es peor. ¡Eso me ponía de los nervios! Hasta que entendí.

Yo también soy bastante hermética, cuando algo me molesta o cuando tengo un problema, prefiero rumiarlo yo solita en mi cabeza. Me lo estoy trabajando, pero todavía no lo doy por totalmente superado. Al ser consciente de eso, poco a poco me fui atreviendo a abrirme, a contar a mi pareja cómo me siento ante ciertas situaciones, compartir con alguien mis *come-comes de tarro*. Al poco tiempo, mi hija empezó a hacer lo mismo conmigo. Es así de fácil.

A veces hay que meter un poquito más el dedo en la llaga para averiguar la raíz del problema. He tenido casos de niños en terapia muy alterados, nerviosos y hasta agresivos que volvían locos a sus padres. La cuestión era: ¿por qué lo hacían? Para llamar la atención. ¿Qué tenía eso que ver con los padres? Pues que la madre no se sentía valorada, como si lo que hiciera no lo viese nadie. Lo que ella se callaba, su hijo lo manifestaba a gritos.

¿Hasta aquí vamos bien? Te queda claro lo importante que es *reconocer a tu hijo como tu gran MAESTRO* y ¿*reconocerle como un espejo de tus propios bloqueos*?

Ojo, que el resto de la lista viene detrás también. A lo mejor te molesta que tu pareja no tenga tanta paciencia, ¿y resulta que la que no tiene paciencia eres tú? O que la profe de tu hijo no le dedique tiempo, o no sea flexible, ¿y en realidad la que no lo hace eres tú? O quizás todo lo contrario, y eres tú la que reclama esa atención... Ains, que cuando uno mete el dedo en la llaga, duele, ¿verdad?

¿En qué afecta esta situación a tu entorno?

Tener un hijo «diferente» básicamente afecta a dos aspectos de nuestro entorno:

1. En la familia —todos quieren opinar sobre su educación—.
2. En el colegio —según el profe que le toque a tu hijo, puede llevarle al fracaso escolar—.

La familia

No sé en qué momento exacto me despisté en el reparto de títulos de psicología a *tutiplén*. El caso es que, misteriosamente, la mayoría de las personas de mi familia lo tenían. Si no, cómo explicar que todos sabían que estaba haciendo algo mal con mi hija, ¡menos yo!

«¡La estás malcriando!». «Lo que le hace falta es mano dura...». «Yo con mis hijos no hice nada de eso... ¡y ahí están!». «¡Castígala y punto!». «Déjamela una semana y se le quitarán todas las tonterías...». «Si luego de mayor no te lo va a agradecer...».

Estas fueron algunas de las *absurdeces* que escuché a lo largo de la infancia de mi hija. Al principio contestaba, daba mis razonamientos, les hablaba de su «felicidad y estabilidad emocional», pero cuando me daba cuenta de que era tan absurdo como hablar de fútbol o de religión, piensas: «¿pa qué discutir?».

Así que hice una de las cosas más inteligentes que podía haber hecho —y esta vez ni siquiera fue inspirada por mi hijo Adrián, sino por iniciativa propia—: ¡les daba la razón! Dijeran lo que dijesen, asentía y me quedaba tan ancha. Ellos felices pues creían que me acababan de *salvar la vida*, y yo feliz por no entrar al trapo. Así es la familia. Pero hay que quererles igual, pues son tu gente, tu sangre.

Sé que no siempre es fácil callarse, que hay veces que cogerías a tu hijo y saldrías puerta afuera por no escucharles. Pero el tiempo me enseñó dos cosas importantes:

1. No lo hacen por maldad, sino porque te quieren.
2. Son grandes maestros también.

La verdad es que cada vez que escuchaba algo así, por más que rebatiera, una vocecita dentro de mí me rebotaba la pregunta como para ver hasta qué punto me resonaba: «¿de verdad la estoy malcriando?».

Claro que me planteé miles de veces abandonar la batalla, pero luego la miraba a ella y decidía que no, que si ese era mi *plan de vida*, lo llevaría hasta el final, aunque me equivocara. Mi familia, sin quererlo, estaba reforzando mi postura. Me hicieron fuerte y me atrincheré en mis técnicas y métodos.

Y sí, la *malcrié*, si eso significa haber entrenado duro con ella día tras día, hasta que se habituara a una rutina más o menos normal de vida y a *respirar* para tomar el control.

No, no le pegaba, pues me funcionaban mejor los abrazos y decirle: «¡tú puedes!».

No, no he hecho lo mismo que ellos con sus hijos, y por eso hoy mi hija, además de tener los ovarios cuadrados y quererse mucho a sí misma, ha llegado a la universidad (y sus hijos no).

No, no la castigaba por sus errores. La premiaba por sus logros, y su carita se transformaba en pura alegría.

No, no la dejaba con nadie que no la entendiera, y eso era limitarle a un par de casas de amigas, ¡o a mi madre cuando cruzaba el charco!

Y lo más importante: mi hija me lo ha agradecido infinitas veces.

Así que, lo único que te puedo recomendar sobre cómo defenderte de estas situaciones complicadas en la familia es: ¡callar, asentir y luego hacer lo que te dé la gana! El hijo es tuyo, no de ellos. Así que nadie mejor que tú y tu pareja para saber qué es lo mejor para él.

En ese aspecto tuve mucha suerte, pues el padre de Alicia siempre apoyó todas mis decisiones. Quizás algunas de ellas no las aprobaba del todo, quizás otras no las entendía, pero confió en mí. Y eso se lo agradeceré toda mi vida. Nos habremos equivocado en otras cosas, pero en cómo gestionar la educación de nuestros hijos, creo que lo hicimos MUY BIEN.

En el colegio

Realmente el tema escuela es toda una lotería. Como dije anteriormente, ya da igual que sea pública o privada. Lo que importa es la vocación del profesor y las ganas que tenga de hacer bien las cosas. Te puedes encontrar con profes maravillosos, súper implicados y que se vuelcan en cuerpo y alma para ayudar a tu hijo, como todo lo contrario.

Puede que, como a mí, realmente te dé igual tener un diagnóstico o un perfil psicológico de tu hijo, pues lo que quieres es que le ayuden en condiciones. Pero he de reconocer que, a nivel escolar, es verdad que ayuda mucho tener un informe de un profesional para que *te hagan más caso*. También es verdad que a veces no dan con un diagnóstico muy certero. Como equinoterapeuta he tenido algunos niños mal diagnosticados y a veces las consecuencias son lamentables.

Uno de los casos que más me llamó la atención fue el de Noelia, una niña de diez años que ya había repetido un par de cursos, no avanzaba y tampoco se adaptaba a su clase. Según su madre, le habían hecho varias pruebas en el cole y lo único que le dijeron es que tenía un retraso madurativo. Después de unas cuántas sesiones, le pedí a la madre que buscara un psicólogo fuera del colegio y que pidiera otro diagnóstico, pues todo apuntaba a que la niña tenía, además del retraso madurativo, discalculia (algo así como la dislexia, pero relacionada con las mates) y TDA. Así lo hizo, y mis sospechas se confirmaron. Como dice el dicho, «más sabe el diablo por viejo que por diablo». La madre la cambió de colegio, empezó a ir a un cole adaptado a sus necesidades y Noelia cambió de la noche a la mañana. Era feliz en su clase, pues por fin lograba hacer todo lo que se le pedía y su autoestima y humor cambiaron automáticamente.

Quisiera contar otro caso que me marcó muchísimo, y fue precisamente al principio de mi carrera como maestra en Brasil, todavía en prácticas.

Me había tocado un curso de tercero de primaria. La tutora me hizo un *escáner* de toda la clase, indicándome quién era el más *listo*, el más *tonto*, el más *vago*, etcétera (¡literal!). Recuerdo que me describió a *Alejandro* como «un caso perdido». Decía que era muy vago escribiendo, que no lograba terminar de copiar los ejercicios de la pizarra y mucho menos terminar un examen. Vamos, que no perdiera mucho el tiempo con él pues ya estaba condenado a repetir curso. Yo acababa de terminar magisterio, así que ni me planteé cuestionarla, obvio.

El caso es que, al poco tiempo de empezar las clases, me di cuenta de que ese niño era «diferente», me hacía unas preguntas impresionantes, como si estuviera a *años luz* del resto de la clase. Cuando se lo comenté a mi madre, que precisamente en ese instante estaba haciendo una formación sobre niños «especiales», me sugirió que el próximo examen lo hiciera a última hora antes del recreo, y que le ayudara a escribir las respuestas si no lo terminaba a la vez que los demás.

Era un examen de conocimiento del medio. Todavía recuerdo la emoción que sentí al comprobar no solo como ese niño se sabía todas las respuestas con pelos y señales, sino que, además, aportaba datos que no estaban en el temario. Le enseñé el examen a mi madre y recuerdo como si fuera hoy lo que me dijo entonces: «Tienes que hablar con su madre. Este niño apunta a altas capacidades». Os podéis imaginar la cara de sorpresa y los lagrimones de su madre cuando le sugerí que le hiciera las pruebas. ¡Llegó a pensar que me había equivocado de niño! Luego me explicó que realmente Alejandro había aprendido a leer y a escribir solo, mucho antes de empezar su escolarización, que preguntaba y teorizaba mucho sobre todo, y que tenía tanta ilusión por ir al cole que empezó con un nivel de implicación desbordante. Lo que pasó es que justo a los pocos meses de empezar primero de primaria hubo una huelga interminable de profesores que fue como un cubo de agua fría para Alejandro. Por alguna razón, eso afectó a su escritura.

No logré saber qué fue de Alejandro, pues mis prácticas terminaron un poco después de ese episodio. Lo único que sé es que mientras estuve con él en clase, me quedaba todos los días media hora más para que se copiara todos los ejercicios de la pizarra o para que terminara sus exámenes. El niño que «iba a repetir» era un niño de notables y sobresalientes.

Quisiera dejar claro que si cuento todo eso no es para desmerecer el trabajo de nadie. Mi única intención es advertirte para que estés atenta, y que si ves que tu hijo arrastra una misma situación sin mejorías, debes buscar otras opiniones. No te rindas jamás, pero tampoco juzgues a la ligera a los maestros de tu hijo. Tanto si el profesor colabora como si no, no deja de ser un aprendizaje. Y como tal, TODO es válido, tanto para él como para ti. Lo ideal es buscar su colaboración, intentar implantar una vía de comunicación apelando a su empatía, nunca a una exigencia unidireccional.

Más adelante veremos qué recursos podemos aportar a tu hijo para evitar un fracaso escolar y lograr ese trabajo en equipo con su profe.

Hasta aquí hemos visto cómo vives tú ese papel de madre de un *niño diferente*. ¿Lo podemos mejorar? ¿Cómo puedo *yo estar bien*?

Pues vamos a verlo.

Ejercicios prácticos para *ti*

Las prácticas que siguen son para tu día a día. Hazlas siempre que creas que lo necesites. No hacen daño, *no se gastan*, aunque puede que lleguen a ser algo adictivas, pues cuando veas que funcionan, ¡lo usas para todo! Son como el *multiusos* de tu bienestar.

PRÁCTICA 1. Reconocer lo que me afecta

Cierra este libro, cierra los ojos, respira y piensa en cada uno de los ítems del principio del capítulo con los que te sientes identificada. Respíralos. Intégralos en tu corazón. Acéptalos. Cada uno de ellos. Y si hay alguno más, también. Lo puedes hacer tipo pregunta y respuesta a ti misma:

- ¿Mi hijo me saca de quicio? Sí, constantemente...
- ¿La profe de mi hijo me saca de quicio? A veces sí...
- ¿Mi pareja me saca de quicio? Sí, lo hace...
- ¿Me siento frustrada e impotente? Sí, así me siento...

Y así hasta el final, venga. Yo te espero aquí, ¡no te preocupes! Ahora lo resolvemos, ¡pero tienes que parar y REFLEXIONAR!

...

(Reflexionar... *ahora*... ¡no hagas trampas!).

¿Ya lo tienes? ¿Cómo te has sentido reconociendo todo eso? ¿Te duele en alguna parte especial de tu cuerpo? Reconócelo y acéptalo. No pasa nada, TODO ES PERFECTO. No te juzgues por pensar y sentir cualquier tipo de emoción. Estás en tu camino, acepta cada momento de tu viaje.

En un segundo momento, una vez aceptado todo eso que te molesta, averigüemos el porqué:

- ¿Por qué mi hijo me saca de quicio? ¿Qué hay en él que tengo que buscar en mí?
- ¿Por qué su profe me saca de quicio? ¿Qué hay en su actitud que tengo que corregir o mejorar también en mí?
- ¿Y en mi pareja? ¿O en mi suegra? ¿O en mi vecino?...
- ¿Por qué no tengo tiempo para mí? Por culpa de mi hijo, ¿o por cosas que consiento que pasen para no tener tiempo?
- No me reconozco porque he optado por cambiar, por elección mía, por dejadez, ¿o porque tampoco me gustaba cómo era? ¿A quién me quería parecer?

Y así puedes analizar cada punto de tu vida que *no cuadra*.

¿Y ahora qué?

¿Ya está? Pues ahora que ya te has visto en el *espejo*, ¡vamos a modificar esa realidad!

Lee en voz alta lo que sigue:

¡Todo es perfecto! ¡Puedo con esto y mucho más! Soy fuerte, amo a mi hijo, me amo a mí misma, y si yo estoy bien, ¡mi hijo también lo estará!

Venga, repítelo tres veces, cada vez más alto. Mejor delante del espejo, mirándote a la cara.

¡Eso es! Te quiero ver soltar, dejar ir todo el *mal rollo*, aceptar, empoderarte, crecer, sonreír...

PRÁCTICA 2. Aprender a respirar para recuperar el control

Seguro que ya habrás oído miles de veces la efectividad de la respiración. ¡Pues es cierto! Existen hasta cursos para aprender a respirar y hay muchas técnicas para hacerlo. En yoga y meditación es fundamental.

> Hacerte consciente de tu respiración y practicar ejercicios específicos influirá de forma positiva en tu calidad de vida. Mejorará la relación con las personas que te rodean. Te servirá a la hora de enfrentar un dolor y en la gestión de tus emociones. En definitiva, la respiración es y será tu aliada en tu relación contigo y tu visión de la vida.
>
> *Tan solo respira...*, Marta Jiménez

Vamos a practicar una respiración básica, pues sirve para todo y lo puedes hacer en cualquier situación: en la calle, tumbada, mientras cocinas o trabajas. Lo importante es que con la respiración logramos activar y armonizar nuestro sistema sanguíneo y con eso entrar en un estado de conciencia más elevado. Nuestra mente se despeja, nuestro cuerpo se relaja y de repente todo parece más fácil.

Puedes inhalar aire por la nariz mientras cuentas hasta tres muy despacio, retienes en otros tres tiempos y sueltas por la boca contando hasta tres una vez más. Si puedes hacer una respiración abdominal, mejor (empujar el aire al abdomen y no a los pulmones). Si no, tampoco pasa nada. Ya lo irás probando con el tiempo. En la respiración abdominal, mientras inhalas por la nariz, pon tu mano sobre tu vientre y concéntrate para llevar ese aire hasta ahí y no al pecho. Luego, exhalas el aire por la boca, también contando hasta tres muy, muy despacio y sintiendo cómo tu vientre se vacía. Si te resulta fácil, puedes probar en cinco tiempos.

El objetivo de la respiración es solo uno: controlar la situación. Si estás triste, enfadada, frustrada, cansada o nerviosa, da igual, pues respirando todo eso desaparece como por arte de magia.

Para mí, controlar la respiración me ha cambiado la vida. Es el principio de un cambio importante de actitud para todo. Los que me conocieron de adolescente podrán afirmar que yo era de «mecha corta», como se dice en mi tierra. Me encantaba enfrentarme a quien fuera, desafiar padres, profesores o autoridades, siempre con el dedo en ristre, la dueña y señora de la verdad. Aprender a respirar me dio ese tiempo necesario para pensar: «bueno, es *mi* verdad. ¿Qué más da que no sea la de los demás?». Incluso en alguna ocasión: «¡que se *joda*! Ya se dará cuenta por sí mismo».

Pues eso. ¡La respiración te da tiempo para que la información que mandas al hipocampo no te salga rebotando por el cerebro sin que puedas frenar lo que este manda soltar a tu lengua! Que luego vienen los arrepentimientos y las llantinas. Si respiras, ese pensamiento llega despacito a tu lado derecho del cerebro (el emocional), y este empieza un diálogo curioso con tu lado izquierdo (el práctico):

—¿Has visto lo que ha dicho este? ¡Le mato! —Empieza el derecho.

—Ya, bueno. Quizás no sea para tanto, mejor valoramos bien el sentido de sus palabras. —Sopesa el izquierdo.

—¿Callarnos? ¡Pero si nos ha puesto verde!

—Puede ser, pero tampoco vamos a cambiar nada por *montar un pollo*, ¿no?

—Bueno, venga, vale. Esta vez me aguanto. ¡La próxima ya veremos!

Cuando te quieras dar cuenta, la situación está más que controlada. Hay diálogo y no gritos descontrolados y las emociones de ambas partes están acomodadas. Punto para ti.

Recuerda que, mientras respiras, es recomendable contar hasta diez por lo menos. Muchas madres me dicen: «¿y hasta cuánto hay que contar? Porque llego al diez ¡y sigo cabreada!» ¡Pues sigue contando! Hasta que te calmes, hasta que la situación esté controlada. Además, si cuentas no le gritas a tu hijo, pareja o a quien se te ponga por delante.

PRÁCTICA 3. Buscar una vía de escape personal

Creo que más de una se sentirá identificada conmigo cuando digo que llega un momento en el que dices «YA NO PUEDO MÁS».

Entre las tareas de casa, el estrés del trabajo, atender a tu otro hijo, se te van las fuerzas, la energía y a veces las ganas de seguir adelante. Pues tienes que buscar tu vía de escape. ¡Eso es OBLIGATORIO!

«No tengo tiempo»

¡Te lo inventas! Si para eso tienes que negociar con tu pareja, con una vecina o los abuelos para que se queden con los niños una vez a la semana, hazlo. Es una cuestión de salud. Yo reconozco que me puse todas las excusas habidas y por haber para no hacerlo y, amiga mía, el desgaste acabó con mi matrimonio. Lo descubrí demasiado tarde.

Seguramente a ti ya te habrá pasado: priorizas las necesidades de tu hijo y de tu familia a las tuyas, por lo que hasta te sientes culpable si te vas de casa un ratito a *divertirte*, ¿no es así?

Pues no, querida mía, no se va a acabar el mundo si te escapas un ratito. ¿Que ese día tu hijo no merienda? No pasa nada. ¿Que no termina los deberes? No pasa nada tampoco. ¿Que vuelves y te encuentras la batalla campal en casa pues nadie ha recogido nada? Bueno, *que te quiten lo bailao*. Ya se acomodará todo antes de acostarte, ¡o mañana! Pero un día para ti es un día *para ti*.

Otro tema importante y medio *tabú* es lo de no tener tiempo por hacer las tareas de casa. ¡HAY QUE APRENDER A SOLTAR! Si eres de las que lo haces todo tú, solo puede ser por dos razones:

1. **Porque tienes la extraña convicción de que es tu *obligación*.** Pues te digo que ¡ni de coña! Supongo que no eres la única que come, vive y duerme en tu casa, así que no seas *abuela*. Puede que ya tengas una edad, pero no creo que tanto. Por si no te has enterado, vivimos en el siglo XXI, donde hombres, mujeres y niños hacen las tareas por igual. Reparto de tareas ¡Ya!

   Mis hijos hacen sus camas desde que tenían cinco años. Bueno, Adrián más que Alicia, hasta hoy. Y los sábados cada uno limpiaba su habitación: recogían, quitaban el polvo, pasaban la aspiradora y luego la fregona. ¿Que tardaba cuatro horas en secarse porque no escurrían bien la fregona? Bueno, pero estaba recogida.

2. **Porque crees que si no lo haces tú no estará bien hecho.** ¿Y qué más da? Qué prefieres, ¿tener la casa impoluta y unos hijos inútiles, o la casa *apañada* y unos hijos tremendamente colaboradores e independientes? Elige: educar a tus hijos o tener una casa de revista. Si has elegido lo primero, a partir de *hoy* toca delegar y repartir tareas.

Según Sol Aguirre, de quien soy muy fan, «Hay que hacer cada día algo que te entusiasme, aunque sea imaginar, aunque eso signifique dormir menos...».[1]

Mis amigas me decían: «vente a clase de Yoga», o «en el Centro Cultural del barrio hay Pilates, pintura, meditación». Todo demasiado tranquilo, sin la dosis necesaria de adrenalina que mi mente hiperactiva necesitaba. Acabé apuntándome a clases de baile latino. ¡Woow! Eso sí que es una verdadera terapia, sinceramente. Es verdad que a mí siempre me gustó mucho bailar. Pues en clase, además de bailar, me reía, abrazaba y achuchaba a mis amigas, cotilleábamos y bromeábamos entre nosotros. Todo un acto social cargadito de emociones y evasiones. Era *mi* momento sagrado.

A ti puede que te guste lo de pintar, la meditación, correr ¡o el boxeo! Es igual lo que hagas, pero tiene que ser un momento de placer para ti.

Es verdad que, si de paso ese momento de placer lo podéis hacer en pareja, mucho mejor. Es MUY IMPORTANTE atender a la pareja en condiciones. Eso lo descubrí un poco tarde, lo reconozco. Por eso mismo, para que podáis aprender también de mis errores, os recomiendo poneros el objetivo de salir entre una y dos veces al mes solos, sin niños. Os sentará bien para volver a despertar la *chispa* del amor entre vosotros. Puede que al principio hasta os sintáis incómodos, sentiréis el «síndrome de padres irresponsables», puede que llaméis a los niños cinco veces en una noche, pero al fin y al cabo, recordaréis por qué os habéis elegido como compañeros de vida, qué fue lo que te enamoró de tu pareja para que te decidieras a unir vuestras vidas. Ve a cenar, al cine, a dar un paseo por el centro de la ciudad, por un parque, o a los sitios que solías frecuentar antes de tener hijos. ¡Sorpréndele y déjate sorprender! Que cada vez sea uno el que decida qué hacer.

---

1. Extracto de la novela *Algún día no es un día de la semana*, de Sol Aguirre, también autora del blog «Las Claves de Sol». Maravillosa, ella.

«No tengo dinero»

Excusas. ¿A que para comprar cromos para tu hijo sí tienes? ¿O para comprarle un helado? ¿O para participar de los regalos de cumple de sus amiguitos? Pues reparte. A lo mejor te toca comprar dos *packs* de cromos al mes en vez de cinco. O cambiar el helado de la tienda por uno de esos de moldes en el congelador. ¡A ellos les va a dar igual la idea! Hasta puede ser divertido prepararlos juntos. Y lo del regalo, propones al grupo de madres poner cada una cinco euros en vez de diez, y te quedas tan ancha. Y si no, no entras en el regalo grupal y le haces uno de manualidades con tu hijo con la mitad del presupuesto. ¿A que ya sí te sobra dinero? Hay que ser creativa en tiempos de crisis.

Además, ya sea para hacer una actividad tú sola o con tu pareja, tampoco hace falta gastarse dinero. Queda con una amiga o con tu chico para correr o caminar, o vas a tumbarte en la hierba del Parque de Juan Carlos I a ver volar las cometas con tu pareja, andar en bicicleta o patinar por Madrid Río. Bueno, eso si vives por Madrid, claro. Si no, buscas las mismas actividades por tu zona. Recuerda qué cosas hacías cuando erais novios y tampoco teníais dinero. ¿A que ahí sí erais creativos? Os conformabais con poco. Pues volved a eso, a ilusionaros por dar una vuelta juntos, simplemente, o tomar un helado paseando por la ciudad o ver una exposición u obra de teatro en el Centro Cultural de vuestro barrio. Seguro que si buscáis en internet «actividades gratuitas en —tu localidad—» encontraréis tropecientas mil. Se acabaron las excusas.

«No tengo con quién dejar a los niños»

Los que no tenemos abuelos canguros, lo tenemos más crudo. En mi caso, mis hijos sí tenían abuelos (mi madre no contaba, pues vivía a más de diez mil kiló-

metros), pero mi suegra decía que si se los dejaba para ir a divertirme, que *ni de coña*. A ella nadie le había ayudado con sus hijos, así que no veía la necesidad de hacerlo con los míos. Habría que quererla igual, ¡al fin y al cabo había pasado una guerra y hambruna! Era comprensible. Mi salvación: una amiga en la misma situación que nosotros. Así que muy a menudo hacíamos intercambio de hijos. Un *finde* me quedaba yo con la suya, y otro ella se quedaba con los míos. ¡Era perfecto!

Recuerda: la vida es un ESPEJO. Si quieres que tu relación con tu hijo sea buena, cuida también tu relación con tu pareja.

PRÁCTICA 4. Callar la mente y controlar tus emociones

Como hemos visto en la práctica n° 2, el primer paso para recuperar el control es RESPIRAR. Pero si además de recuperar el control queremos avanzar hacia un tipo de vida saludable y equilibrada, te recomiendo que pruebes otras técnicas que te aportarán un bienestar mayor y harán que tu vida realmente sea plena.

Aquí hay muchísimo que trabajar. Tenemos tantas malas costumbres adquiridas que llegar a ese equilibrio nos va a exigir constancia y cambios de hábitos. Así que, sugiero hacer borrón y cuenta nueva. Vamos a imaginar que somos un lienzo en blanco...

¿Qué cosas necesito para estar bien?

Lo primero, callar mi mente de todo el *ruido* que me ronda: que si «no podré hacer eso», «fíjate esta lo que está haciendo», «seguro que tiene otras intenciones», que «si hago eso luego no podré hacer lo otro»... ¡BASTA!

Imagina que tu cabeza es una radio de estas *vintage* total, con ruedecita de volumen y todo. Pues gira la ruedecita y, poco a poco, vas bajando el volumen de tu cabeza. Sigue, sigue, hasta que no escuches nada de nada. Quédate ahí un rato. Observa ese silencio, disfruta de él.

¿Cómo te sientes?

Mantener la mente en silencio exige constancia, pero si lo practicas, es muy gratificante. Te da paz. Y al no escuchar tu ruido mental, te permite poner atención en otras cosas más importantes.

El runrún de nuestras cabezas es el freno de mano de nuestra propia evolución. Ponemos atención en cosas a veces sin sentido. Nos montamos nuestra propia película tirando de nuestras imaginaciones o suposiciones, ¡y lo peor es que hasta llegamos a creérnoslas! Y lo que crees, creas, atraes hacia ti esa realidad. Si piensas «me voy a caer, me voy a caer», te caes (o te tiras inconscientemente).

Otra forma de alejar de nosotros estos pensamientos negativos y repugnantes (sí, son repugnantes porque nos fastidian la vida, nos entorpecen y nos bloquean. Un asco total. No los necesitas. ¡Es *caca*!) es activar en tu vida física, real, un gesto asociado a una palabra clave que te saque de ese runrún mental. Por ejemplo, vas con tu coche por la autopista, ves un kamikaze por el retrovisor que viene a toda castaña y piensas: «me va a dar, me va a dar...». ¡Para y escúchate! No quieres darte un golpe, así que, en ese instante, como ser creador de tu propia realidad que eres, cancelas ese pensamiento. Trae a tu realidad esa situación. Puedes chasquear tres veces los dedos (¡sin quitar las manos del volante!) mientras dices en voz alta: «cancela, cancela, cancela», por ejemplo.

Ya, parece que todo esto tarda una eternidad, y entre que te lo piensas, ya te ha dado por detrás el coche. Pues no, porque nuestra mente va a la velocidad de la luz, y cuanto más practiquemos eso, más automático será el cancelar estos pensamientos repugnantes.

Y ya que me creo un ser creador de la más maravillosa realidad, aprovecho estos momentos y le doy la vuelta a la tortilla: le cambio mi pensamiento repugnante por un pensamiento positivo *acojonante*. Yo lo llamo «Mi pensamiento rescate»: «el *zumbao* que viene detrás es Fernando Alonso, y pasará por mí, me saludará y me tirará besos». Listo. Me encanta mi nueva realidad.

¿Qué pasa cuando te ronda un «problema» o una preocupación?

Bueno, lo primero es entender qué es una «preocupación». Como su propio nombre indica, es una *pre- ocupación*. O una ocupación anticipada de algo que todavía no ha pasado. Y si no ha pasado, estás perdiendo el tiempo tontamente, pues te estás enfocando en una realidad que todavía no existe.

Recuerdo la explicación que dio el formador de un curso que hice sobre el poder del pensamiento positivo sobre este tema. Él lo comparaba con dar un golpe con el puño cerrado en una mesa: cuando lo haces, tu mano se queda dolorida, tú eres el que sufres. Pero ¿y la mesa? La mesa se queda intacta (a menos que seas Hulk). Ella no se resiente. Eso es lo que pasa cuando nos preocupamos con algo: a nosotros nos fastidia, nos duele, nos remueve la situación venidera, pero realmente dicha situación ni siquiera existe todavía. Así que, volviendo a la afirmación de que nosotros somos creadores de nuestra realidad, lo único que podemos hacer son dos cosas:

1. Esperar que pase, bajando mientras el volumen de nuestra cabeza.
2. Cambiar esa realidad por otra positiva (pensamiento rescate) y con un final feliz para todos.

Siendo así, la solución no es *pre-ocuparse*, sino más bien *ocuparse* para que no llegue a ocurrir.

Sobre la opción de *esperar que pase*, quisiera ilustrarlo con otro cuento. Lo siento, deformación profesional. Todo acaba en cuento en mi vida.

Buda y Ananda:
la claridad de las aguas

En un caluroso día de verano, Siddhartha Gautama estaba atravesando un bosque junto a su principal discípulo, Ananda. Sediento, el Buda se dirigió a su acompañante:

—Ananda, hace algo más de una hora cruzamos un arroyo. Por favor, toma mi cuenco y tráeme un poco de agua. Me siento muy cansado. —El Buda había envejecido.

Así lo hizo Ananda. Deshizo sus pasos, pero cuando llegó al arroyo, acababan de cruzarlo unas carretas tiradas por bueyes que habían removido las hojas muertas y el cieno, enturbiando el agua y convirtiéndolo en un lodazal. Esta agua ya no se podía beber; estaba demasiado sucia. Así que Ananda regresó junto a su maestro, con el cuenco vacío.

—Tendrás que esperar un poco —dijo Ananda—. Iré por delante. He oído que a solo cuatro o cinco kilómetros de aquí hay un gran río. Traeré el agua de allí.

Pero Buda insistió:

—Regresa y tráeme el agua de ese arroyo.

Ananda quedó perplejo, no podía entender la insistencia, pero si su maestro lo solicitaba, él, como discípulo, debía obedecer. Así que volvió a tomar el cuenco en sus manos y se dispuso a iniciar el camino de regreso al arroyo.

—Y no regreses si el agua sigue estando sucia —dijo Buda—. No hagas nada, no te metas en el arroyo. Simplemente siéntate en la orilla en silencio y observa. Antes o después el agua volverá a aclararse, y entonces podrás llenar el cuenco.

Molesto, Ananda volvió hasta allí, descubriendo que su maestro tenía razón. Aunque aún seguía algo turbia, el agua estaba visiblemente más clara. De modo que se sentó en la orilla, observando pacientemente el flujo del río.

Poco a poco, el agua se tornó cristalina. Ananda tomó el cuenco y lo llenó de agua, y mientras lo hacía, comprendió que había un mensaje en todo esto. Ahora podía comprender.

Rebosante de júbilo, Ananda regresó bailando hasta donde estaba Buda, entregándole el cuenco y postrándose a los pies de su maestro para darle las gracias.

—Soy yo quien debería darte las gracias, me has traído el agua —dijo Buda.

—Volví enojado al río —contestó Ananda—, pero sentado en la orilla, he visto cómo mi mente se aclaraba, al igual que el agua del arroyo. Si hubiera entrado en la corriente, se habría enturbiado de nuevo. Si salto dentro de la mente, genero confusión, empiezan a aparecer problemas. He comprendido que puedo sentarme en la orilla de mi mente, observando todo lo que arrastra: sus hojas muertas, sus dolores, sus heridas, sus deseos... Despreocupado y atento, me sentaré en la orilla y esperaré hasta que se aclare. Por eso, maestro, yo te doy las gracias.

(Autor desconocido)

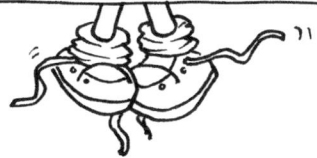

Respecto al segundo punto, lo de *cambiar esa realidad*, tengo otro truco infalible: programar los cambios o respuestas que esperamos tener en nuestra vida para que se resuelvan *solas* cuando alcancemos la fase REM de sueño. En este estado, no hay juicios ni prejuicios. Y ahí sí que sí somos los creadores de nuestra realidad.

A modo de resumen, cito las etapas cíclicas por las que pasamos durante nuestros sueños:

- Fase I o etapa de adormecimiento: los primeros diez minutos de sueño.
- Fase II o etapa de sueño ligero: nos ocupa un 50 % del tiempo y viene a ser una desconexión lenta, donde se ralentiza nuestro ritmo cardíaco.
- Fase III o etapa de transición: dura entre dos y tres minutos, y es cuando logramos una relajación profunda.
- Fase IV, etapa de sueño profundo o de sueño Delta. Probablemente la más importante, pues determina la calidad de nuestro sueño.
- Fase V, la etapa de sueño paradójico o REM: es equivalente a un 25 % del tiempo de nuestro sueño, y se caracteriza por una alta actividad cerebral, similar a la que tenemos estando despiertos.

La calidad de esta actividad cerebral es diferente, puesto que no tenemos los filtros por los que pasan nuestros pensamientos en estado consciente. En esta etapa, liberamos todo nuestro potencial, nos conectamos con nuestra energía esencial y, desde ahí, encontramos todas las soluciones a nuestras circunstancias. Por eso, cuando algo nos *pre- ocupa* decimos «lo consultaré con la almohada». O sea, *paseamos* nuestros pensamientos por este momento de nuestro sueño. Es en esta última etapa cuando *resolvemos* cosas. Los *enanitos* o *duendes* que curran durante este período logran verdaderos prodigios.

No quisiera profundizar más para que no cierres este libro, pues todavía tenemos mucho de qué hablar, pero a modo de *pincelada*, te diré que te imagines la siguiente escena:

Te quedas dormido y, cuando estás en la mejor parte de tu sueño, tu «Pepito Grillo» personal se va a otra dimensión donde se encuentra a todos los pepitos grillos de las personas que te rodean. Se toman un té (mientras, tú roncando), hablan de sus cosas, se intercambian perfiles de Linkedin y gestionan sus cadenas de favores.

Uno pide al otro lo que necesita, o simplemente lo dice a través de un altavoz para que todos lo escuchen, a ver qué Pepito Grillo le puede ayudar. Y así es como, milagrosamente, en los días siguientes, alguien te llama y resuelve tu *pre- ocupación*.

¿Cuál es el truco para que esto funcione así? Por la noche, antes de acostarte, TIENES QUE HABLAR CON TU PEPITO GRILLO. Dale un nombre, ya sea Pepito Grillo, Mi Yo, Mi doble, Tina Turner o el que tú quieras. Pero háblale clarito, como por ejemplo:

—A ver, Pepito Grillo... no me quedan días de vacaciones y quiero acompañar a mi hijo a la primera cita con esa terapeuta nueva. Búscate la vida, pero apáñalo para que yo esté ahí el viernes a las cinco en la consulta.

Y luego, a esperar *a la orilla del río*, alejando nuestro ruido mental, como en el cuento de Buda y Ananda. Cuando menos te lo esperas, te llamará tu jefe, te dirá que te necesita este fin de semana, pero que a cambio puedes coger libre el día que quieras, ¡o algo por el estilo!

¡Ojo! Es muy importante cómo lanzas ese mensaje. Ni palabras negativas, ni vibrando en la energía de la carencia, pues el Universo (o Dios, si prefieres) no entiende muy bien el castellano. Te pilla el concepto, siente la energía de tus palabras y hace la interpretación de tu petición lo mejor que puede. Siendo así, la siguiente petición no te servirá para NADA:

- (Tú) —Oh, por favor, Universo, de verdad lo *necesito*, es una cuestión de vida o *muerte*...
- (Universo) —Mmm... ¿Necesito? ¿Muerte?...

Lo vas pillando, ¿no? Mensajes claros, cortos, en positivo, nada de discursos interminables y prácticamente dando por hecho que es su *misión*, así que, siendo el Universo o el Dios Omnipotente, se lo tiene que currar como sea para conceder tu deseo.

Habrá ocasiones que más que un problema a resolver, tienes un conflicto permanente con una misma persona, y no sabes cómo resolverlo para que esta situación se suavice. En estos casos, os recomiendo apelar a esta otra técnica que también menciono en el capítulo de «*Mi* historia...», cuando mi hija no lograba comunicarse con su profe de inglés. Lo único que hicimos fue desearle que fuera FELIZ. Un día tras otro, todas las noches, a modo de oración o mantra. Sin discursos y tampoco detallando cómo debería ser esa felicidad. Eso no lo puedes decidir tú, solo su propia alma, su Yo Soy. Decir «*Pepeflores*, que seas muy feliz» durante unos diez días fue suficiente para que un día mi hija saliera contenta de la clase de inglés.

Sé que puede parecer difícil tanto dejar la mente en blanco como cambiar tus pensamientos, olvidarte de tus preocupaciones y desear la felicidad a alguien a quien *no soportas*. Pero si te centras en el presente, en el momento actual, en lo que estás haciendo en ese instante, en *ti*, en tu hijo, todo será más fácil. Eso es practicar *mindfulness*, vivir el presente, meditar para estar en tu centro de equilibrio con todo.

PRÁCTICA 5.
La meditación

«No tengo tiempo», «me duermo», «no me concentro», son las excusas más corrientes que he escuchado para no meditar. Pues eso. Son excusas.

No hace falta montar un templo de meditación en tu casa, tener un cojín megaespecial venido de la India y estar una hora escuchando cuencos tibetanos para meditar mientras el olor del incienso te da un subidón de la leche. *Meditar* es algo así como dedicar un instante para escucharte a ti misma, observarte, ver cómo te sientes, qué te preocupa, qué emociones te *ocupan* en ese momento presente. Obvio que si puedes cerrar durante una horita los ojos para hacer eso, encontrarás en ti más información que si estás cinco minutos. Pero también te digo que es igual de eficaz una hora al día que muchos cinco minutos. Yo lo hago así la mayoría de las veces, pues tampoco es que me sobre el tiempo. A veces sí me doy un *capricho* y me dedico una horita, o casi.

Mi amigo y escritor Jose Escudero[2] dice que tenemos que meditar haciendo lo que sea: cocinando, en la ducha, limpiando la casa, corriendo... Y como soy muy obediente, si lo dice Jose, que es el experto en el asunto, va a misa.

Una de las formas que más me gusta meditar es en la ducha: me pongo mis musiquitas *zen*, cerro unos minutillos los ojos, y a la vez que observo las situaciones que me rodean, mis pensamientos y emociones en relación a cada una de ellas, aprovecho para sentir cómo el agua *me lava* y se lleva las emociones que no me molan en mí. Me encanta sentir cómo el agua me limpia de las malas energías adquiridas, siento como si fuera un reseteo, un vaciar del todo para llenarme de cosas buenas y maravillosas. Aprovecho y disfruto de este instante el tiempo que considero necesario, o hasta que alguien golpee la puerta del baño y me diga «¿Te queda mucho?». Aun así, te aseguro que te quedas mejor que si te das un baño de sales. Bueno, ya combinar las dos cosas sería *la caña*.

En otras ocasiones, bien cuando estoy demasiado *cargada* o siento que necesito parar de verdad, hago una meditación más larga. Me lo dedico. Porque yo lo valgo, como el anuncio.

Busco un sitio tranquilo, me pongo mi música —y sí, mi incienso de la India, por puro capricho— y me siento en algún sitio donde pueda tener la espalda recta. ¿Por qué la espalda recta? Por dos razones: la primera, para que todos tus chakras, esos puntos de entrada y salida de energía de tu cuerpo —algo así como tus puertos USB— estén perfectamente despejados, alineados de arriba hasta abajo para que dicha energía fluya; y la segunda razón es que, si tengo la espalda recta, ¡no me duermo!

---

2. Autor del libro *¿Por qué decimos mindfulness cuando queremos decir meditación?*

Existen muchos tipos de meditación y, sinceramente, te recomiendo que pruebes de todo un poco, pues no a todo el mundo le sirve lo mismo. Compraos el libro de mi amigo Jose Escudero si queréis ahondar más sobre cada uno de ellos. Una vez más, «¡zapatero a tus zapatos!». Hay gente que necesita simplemente estar en silencio, o con música bajita, y sentir su respiración en cada chakra de su cuerpo limpiando las energías. Otros, necesitan que les conduzcan, y tiran de las tropecientas meditaciones guiadas que encuentras en internet. En cualquier caso, acordaos siempre de empezar con las respiraciones que, como ya hemos visto, es lo que nos va a llevar al centro de nosotros mismos, a este estado de concentración y apertura de conciencia que necesitamos para que haya una transformación.

En la web que desarrollo con mi pareja, www.locamentezen.com, podéis encontrar alguna meditación guiada para empezar.

En cualquier caso, ya sea haciendo meditaciones de cinco minutos o de una hora, descubrirás una herramienta de autocontrol que te cambiará la vida, te lo aseguro. ¿O es que has visto alguna vez un monje tibetano estresado? ¿A que no?

Pero si además de todo eso quieres estar todo el día de subidón total, te recomiendo un par actividades muy sencillas que pueden traer a tu vida esa paz y equilibrio que te hará sentir como que vives en una nube de algodón, y sin necesidad de hacerte un curso de diez días con el yogui más puntero del momento. Mira la siguiente práctica.

PRÁCTICA 6. Las terapias naturales

Desde siempre he sido muy reacia a los medicamentos. Por esta razón, siempre recomendaré antes una terapia energética o alguna técnica relajante antes que cualquier medicamento. Y si fuera realmente necesario, preferiría la homeopatía.

Aunque más adelante las detallo un poco más, quisiera levantar una bandera por las terapias naturales, ya que en España están justamente tratando de desmerecerlas. De forma muy sutil y amorosa, pueden desbloquearte un chakra, limpiarte el aura, darte un *chute* de energía o más bien devolverte la calma, entre muchos otros beneficios. Y si no, que se lo pregunten a los millones de personas que las practican en el mundo.

Aunque existen cientos de terapias, quisiera centrarme aquí en dos, por su sencillez y accesibilidad, ya que con una breve formación tú misma puedes empezar a aplicarla:

El Ho'oponopono

Esta primera técnica que te propongo es de origen hawaiano.[3] Uno de sus promotores más conocidos fue el Dr. Ihaleakalá Hew Len, que demostró el poder de esta técnica sanando toda un ala de un hospital psiquiátrico sin ver siquiera a los pacientes. Solo con sus fichas, encerrado en su despacho, logró cambiar totalmente la energía de ese lugar y de las personas que había allí, hasta el punto de dar el alta a todos los pacientes poco a poco. ¿Leyenda urbana? Quizás... o quizás no.

Esta técnica se fundamenta en el reconocimiento de que la situación que te ocupa está relacionada contigo (acordaos de la Ley del Espejo) y que la tienes que sanar en ti a través de la expresión de cuatro sentimientos:

Lo siento, perdóname, te quiero, gracias.

Eso dicho y sentido repetidas veces logra que la energía negativa de esta situación se disipe y trasmute. Así de fácil. Cuanto más lo digas, más lo sentirás dentro de ti y más sanarás a tu entorno. Lo puedes aplicar a todas horas, en cualquier situación de tu vida, ya

---

3. Sacado del libro sobre Ho'oponopono *En el cero*, de Joe Vitale.

sea un conflicto con una persona, una situación laboral o familiar, un asunto por resolver o cualquier otra cosa. Probarlo no te costará nada. Con esta técnica lograrás resolver muchas situaciones conflictivas de tu día a día. Existen muchos libros al respecto que te pueden introducir en esta técnica donde también podrás conocer testimonios de su efectividad.

Reiki u otra terapia energética

Creo que esta es la terapia energética más popular y también la más básica. Existen muchas otras, y cada maestro diría que la suya es la más efectiva. Yo creo en todas, pues confío más en la capacidad individual de cada ser humano de utilizarla desde su corazón y su sensibilidad con una finalidad pura de sanación. Fue uno de los primeros cursos que hice para poder aplicarla conmigo misma y con mi hija, y nos fue muy bien. Actualmente utilizo un poco de todo lo que sé, pero siempre partiendo de mi intención y corazón.

Básicamente se trata de conectarnos con nuestro Ser Superior, sentir la energía que todos canalizamos en las manos y aplicarla en la zona donde creemos que puede hacer falta. Hay varios niveles, pero con una formación del primer nivel ya podrás autosanarte, protegerte e incluso atender a toda tu familia.

Además de estas terapias, si quieres elevar tu vibración para crear un escudo *supermegapotente de malos rollos*, te presento otra herramienta de lo más sencilla y fácil de usar: la GRATITUD.

PRÁCTICA 7. Hacer un cuaderno de gratitud

¡Wow! No os podéis hacer una idea lo maravilloso que es aprender a ser grato e integrarlo en tu rutina. Es una sensación de que todo es perfecto en tu vida, de que el Universo está totalmente a tus pies, sirviéndote a todas horas para que no te falte absolutamente nada. Ser capaz de reconocer eso siempre es ser consciente de que eres parte de un Plan Divino, de una creación sin límites que está a tu servicio veinticuatro horas al día. ¡Wow y más wooow!

Como diría mi amiga Isabel Gallego, a quien admiro mucho y me inspira a agradecer algo a cada día:

> La gratitud es una decisión de almas brillantes dispuestas a compartir luz y expandir amor a todo lo que las rodea.
>
> *Vivir en gratitud*, Isabel López Gallego.

Y una vez más, no hay misterio ni técnicas raras para ponerlo en práctica:

1. Te compras un cuaderno chulo.
2. Escribes en la primera página «Mi cuaderno de gratitud».
3. Busca una hora del día que puedas dedicarle cinco minutos a escribir lo que sientas que debes agradecer ese día. Preferentemente por la noche, al acostarte, pues también es una forma de asegurar una noche de sueños tranquilos y felices. Si no, al día siguiente nada más levantarte también puede ser una buena opción.
4. Escribe un poquito más cada día. Puedes agradecer al principio tres cosas y gradualmente vas aumentando. Notarás cómo ese proceso será natural, pues día a día tu corazón se irá expandiendo y sentirás cada vez más gratitud por todo lo que te rodea.

Te has parado a pensar en todo lo que tienes... ¿y no eras consciente de ello? Pues agradece.

Te dejo como ejemplo mi agradecimiento de hoy...

Doy gracias por mi vida y mi salud, por la casa y la familia que tengo, que me colaboran siempre, por los amigos y familiares que me escriben a diario para ver cómo estoy, por los chistes que me comparten y que me hacen reír, por mi pareja que me ha regalado un libro que me encanta, por quererle tanto y por sentirme tan querida por él, por la llamada de teléfono de mi madre (adoro escucharla), por tener ahora más tiempo para dedicarle a esa llamada, por los recuerdos de mi padre, por haber tenido el honor de ser su hija, por el hermano luchador que tengo que cada día vence una batalla con su leucemia, por el ejemplo de vida que me da, por mis demás hermanos que son un regalo del cielo, cada cual más amoroso y maravilloso, por los hermanos que no son hermanos, Bibi, Elaine, Juan, Rosa, Jacobo y a tantos otros amigos del alma a los que amo, por mi hija que me ha dicho un día más que me quiere, por mi hijo, mi lucero de vida, que está viviendo en París como un campeón, por las oportunidades que le surgen, por su novia, la mejor nuera del mundo, por mi ex que me llama o me escribe casi a diario para ver cómo estoy, por tener un techo, calefacción, ¡lavavajillas! Así gano tiempo para mis cosas... Por tener cosas que hacer, por la creatividad que no me deja ni a sol ni a sombra, por tener un ordenador y wifi para poder escribir mi libro, por mis niños de equinoterapia, cada uno de ellos, por sus sonrisas de gratitud, por sus achuchones y besos a veces pringados de mocos, por la gratitud de sus padres, por mis caballitos lindos y buenos que me colaboran sin rechistar, por la suerte que tengo de trabajar en medio de la naturaleza, por mi «Bosque de las Hadas», por mi jefe Miguel y mis compis Raquel e Irene, por mis gafas, que me permiten ver mejor, por Carmen, la madrina de mi hermano, que mientras escribo todo esto me ha traído mangos dulcísimos y una mousse de maracuyá...

Waaaaaaa... ¡Qué a gustito me he quedado! ¡Qué subidón, qué alegría de vida tengo! Tenéis que probarlo, de verdad.

Resumiendo...

Hasta aquí, te he compartido mis herramientas más básicas para que las integres en una rutina, ¡es casi como lo de ducharse o lavarse los dientes! Acciones necesarias de mantenimiento personal.

Dicen que si logramos hacer una misma cosa durante veintiún días seguidos, entonces seremos capaces de integrarlo en nuestra rutina como un hábito. ¡Te reto a que lo intentes! ¡Solo veintiún días! A ver qué pasa luego.

A por ello.

Y si todo este tema *friki* te empieza a resonar, te animo a que vayas probando un poquito de cada terapia hasta encontrar el equilibrio emocional que buscas en ti.

Recuerda cuál es el objetivo: Tu bienestar... y, como consecuencia, el de tu hijo. Y para eso, solo necesitas VIVIR EN POSITIVO.

El otro día, tomando un café con mi amiga Loli, la madre de *Carlitos* —ya no tan *Carlitos*, pues ahora tiene pelos en el pecho—, excompañero de la escuela infantil que frecuentó Alicia, me confesó que ella y su marido me tenían puesto el mote de «mamita feliz», ¡pues estaba siempre sonriendo y de buen rollito! Además de la risa que me entró al escucharlo, también me hizo ser más consciente de que somos no solo lo que pensamos, sino también un reflejo de nuestras emociones, de lo que sentimos. Si así era como me veían a lo lejos, antes mismo de entrar respectivamente en nuestros *círculos de confianza*, sería porque algo bueno transmitía. Y, como espejos que somos, ¡nos hemos acercado y mantenido una relación por ya casi veinte años porque ella, sin darse cuenta, también es una «mamita feliz»! «Dios los crían y ellos se juntan». Y por eso, muchas veces hay personas que se alejan o se acercan a nosotros. Por lo que transmitimos y a la vez demandamos.

Observadlo: ¿a qué tipo de personas te acercas más? ¿Qué personas se acercan a ti? ¿Qué personas se alejan? Todo es un gran espejo en esta vida. Atraemos gente positiva si somos positivos. También puede pasar que atraigamos a personas que, aunque vibren en el lado opuesto, buscan tener una energía como la nuestra. O hay algo que debemos aprender de esta persona. Lo que jamás podemos permitir es que otros con una energía más negativa bajen nuestra vibración y nos contagien a nosotros.

Hasta aquí lo fundamental...

Reconocer lo que te afecta
Respirar
Callar tu mente
Cambiar tus pensamientos a positivos
Crear tu realidad
Meditar
Amar, perdonar y agradecer
Ser canal de buenas energías
Tener una vía de escape para *desestresar*
Vivir en positivo

Y ahora, hablemos de *tu hijo*

¿Qué necesita?

Hablemos de tu hijo, veamos qué le hace ser «diferente». Como hemos dicho que no tendremos en cuenta su diagnóstico o rótulo, sino más bien sus necesidades, veamos qué recursos les podemos aportar respondiendo a las siguientes preguntas. Más abajo comento cada uno de estos recursos.

¡Ojo! Es verdad que cada caso es un mundo, puede que esto sea generalizar demasiado, puede que me falten preguntas por hacer, puede que a tu hijo eso no le valga, que tenga otras necesidades, así que, considéralo un punto de partida. Para el refuerzo extra están los profesionales que orientarán cada caso de la mejor forma posible. Esta es solo la base para que tú puedas ayudarle desde casa aportándole estos recursos que le facilitarán la vida. Así que, vamos a ello:

1. ¿Verbalmente es agresivo con otros niños o adultos?
2. ¿Es más bruto que un elefante en una cacharrería?
3. ¿Es agresivo o se frustra con facilidad?
4. ¿Está siempre nervioso o excitado?
5. ¿Le cuesta controlar sus emociones (llora por nada, se ríe por todo, grita...)?
6. ¿No sabe esperar (la vez, una orden...)?
7. ¿Se bloquea por sus miedos a menudo?
8. ¿Cambia fácilmente de actitud y parecer?

9. ¿Le cuesta obedecer órdenes?
10. ¿Vive de excursión por *la luna*?
11. ¿Es excesivamente «vago»?
12. ¿Crees que tiene una inteligencia «diferente» a otros niños de su edad (ya sea de forma positiva o negativa)?
13. ¿Consideras que tiene exceso de razonamiento lógico?
14. ¿Le cuesta hablar cuando hay personas extrañas en su entorno?
15. ¿Le cuesta acercarse a otros niños o hacer amigos?
16. ¿Repite rutinas de forma excesiva o es excesivamente ordenado?

Ahora, tal como hacíamos cuando respondíamos los test de las revistas de adolescentes, vamos a ver qué recurso nos ha tocado trabajar con nuestro hijo:

Aprender a RESPIRAR para controlarse (Si has respondido sí a las preguntas 1, 2, 3, 4, 5, 6 y 7)

En realidad, aprender a respirar lo deberían hacer todos, niños y mayores. Así como te lo indiqué también en los «Ejercicios para ti» del anterior capítulo, nos trae a la calma, nos devuelve la razón y nos da paso a actuar de forma más equilibrada. En mis sesiones, es lo primero que enseño a mis niños, ¡antes mismo de enseñarles a coger las riendas del caballo! A todos, en un momento u otro, nos va a hacer falta ese autocontrol que nos aporta tan fácilmente la respiración.

Tanto la agresividad, como la impulsividad, la ansiedad como los miedos, lo podemos controlar solo respirando. Más adelante os indicaré algunos ejercicios y material para hacer en casa para trabajar la respiración con vuestro hijo.

Como ejemplo de su efectividad, os cuento el caso de Irene, una niña TEA de siete años que, cuando empezó mis sesiones, apenas se podía acercar al caballo. Se ponía muy nerviosa y le entraba miedo. Una de las razones por las que Irene había venido era precisamente para aprender a gestionar sus emociones. Cuando se alteraba, se arañaba el rostro y se mordía, o arañaba y mordía al que más cerca le pillaba, ¡que era peor!

Enseñarle a respirar para volver a la calma fue toda una odisea, pero al final, gracias a un molinillo y un globo, lo pudo hacer sin problemas. Además, lo asociamos con un gesto de abrir y cerrar las manos, como Spiderman —hay que ver lo que ayudan los superhéroes hasta fuera de los comics. Hulk es otro que cada dos por tres me echa un cable para expulsar las frustraciones— y al poco tiempo Irene no solo aprendió a controlar sus emociones, sino que dejó de tener heridas por todas partes. Ah, y tengo entendido que ella misma le enseñó *el truco* a otro niño de su clase cuando le veía enfadarse y llorar.

Otro recurso que deberíamos usar con *todos* los niños «diferentes» es el refuerzo afectivo...

La compensación AFECTIVA
(Si has respondido sí a las preguntas 1, 2, 3, 4, 5, 6, 7, 14, 15 y 16)

Nuestros hijos, como niños que son, asumen que su punto de referencia es su padre y su madre. En la mayoría de los casos, recibir un beso, un abrazo, es casi como ganar la lotería para ellos. Sentirse merecedores de ese beso, de ese abrazo, de esas palabras de felicitación por lo bien que lo han hecho, suele ser *lo más*. Si cada vez que él hace una cosa bien hecha recibe este tipo de premio, se sentirá feliz y querrá tener más veces esa sensación de felicidad y se esforzará para volver a merecerlo. La mayoría de los padres no son conscientes del valor que tiene un gesto de cariño con su hijo. Especialmente los separados, que entran en una *subasta material* absurda. Ofrecen compensaciones materiales desde muy pronto a sus hijos, sin ser conscientes del daño que le están haciendo. Empiezan con un helado y a los pocos años les están ofreciendo un móvil. El día de mañana, ese niño entenderá que su felicidad está directamente relacionada con las cosas materiales que pueda tener o comprar. Normalmente son adultos que no logran tener relaciones de pareja estables, pues no valoran una caricia, un beso como algo que les pueda aportar felicidad. En cambio, los niños que en su infancia recibieron como premio un achuchón lleno de besos de su madre o de su padre, buscarán esa sensación que les ha dado el contacto físico y la demostración de cariño de sus progenitores en la persona con quien querrán tener su *nido de felicidad*.

Aunque suene a una mala rima, *el refuerzo afectivo es muy efectivo*. Recuerdo que una de las batallas que tuve que librar con Alicia fue superar las horas interminables para hacer deberes. Al final lo conseguimos a base de besos. Te contaré cómo lo hice en los ejercicios prácticos.

Dicha compensación afectiva está directamente relacionada con la valoración que el niño pueda hacer de sí mismo: cuantos más besos, más merecedor es de ellos. Si no hay besos, es que él es «malo».

Reforzar su AUTOESTIMA
(Si has respondido sí a las preguntas 4, 5, 8, 14, 15 y 16)

La autoestima en sí no es que sea un *recurso* que tengamos que enseñar a nuestros hijos. En realidad es una valoración de sí mismo que podrá mejorar si logramos darle esa compensación afectiva que él necesita, pero me pareció tan necesario hablar de ella, ¡que la metí aquí quizás un poco con calzador!

La mayoría de los niños «diferentes» tienen una baja autoestima. Precisamente por eso, porque se sienten *diferentes* a sus compañeros. Por esta razón, a veces les cuesta hacer amigos, pues no encuentran cosas en común con los compañeros o porque los padres o profesores viven regañándoles en un esfuerzo de intentar que ellos sean como los demás, y tienen esa sensación de no ser queridos y amados por los adultos. Entonces, no saben cómo llamar la atención y a veces recurren a las rabietas o al llanto, lo que les lleva a sentirse frustrados.

Solo necesitan que creamos en ellos, que les apoyemos, que reforcemos lo que sí hacen bien, animándoles a que ya harán mejor lo que no les ha salido como querían en ese instante.

También puede pasar que ellos sean sus propios verdugos. A veces, niños muy perfeccionistas pueden sufrir una baja autoestima porque ellos mismos se exigen demasiado y, al no sentirse *perfectos*, intentan pasar desapercibidos ante los demás.

En ambos casos, ya sea que *berreen* para llamar la atención, o traten de esconderse, es nuestra responsabilidad sacarles de este estado, darles la oportunidad de que se acepten y hacerles ver que les queremos tal cual son.

Todos los detalles cuentan.

La primera vez que recuerdo haber discutido con una profesora (sí, lo confieso, fue más de una. No me siento orgullosa de ello, ¡pero soy humana y yo misma me perdono por ello! Mi punto débil siempre fue y siempre serán mis hijos) no fue precisamente con una profe de mi hija, sino de mi hijo Adrián, el impoluto y sabio.

Mi hijo tenía muchas virtudes, pero una de ellas no era precisamente tener una letra bonita. Hasta llegué a ilusionarme y pensar que sería médico, pero no fue así. El caso es que su profesora de tercero de primaria me llamó un día y le puso *verde*. Su cuaderno era inadmisible. No era capaz de contar los cuadraditos del cuaderno milimetrado y encajar cada letra en 2,5 cuadraditos, y tanto sus cuentas como su escritura eran horrorosas. Eso sin contar que su actitud en clase era malísima y que empezaba a bajar sus notas. Por otra parte, como terminaba demasiado pronto los ejercicios en clase, se dedicaba a dibujar —ahí empezó a apuntar hacia donde llegaría artísticamente hablando— o a imitar a su ídolo del momento, José Mota. Muy polifacético mi chico. «Os toma el pelo a todos», me llegó a decir su profesora. Que de bueno, no tenía nada, decía ella.

Me quedé a cuadros, pues antes de ella, todos sus profesores le adoraban. Era un niño participativo, creativo, hacía todo bien en clase y sacaba siempre notables y sobresalientes. «Se habrá equivocado de niño», pensé. Al enseñarme su cuaderno, por su letra vi que sí, que era el de Adrián. Pero no sé qué llamaba más la atención en su cuaderno: la letra verdaderamente de médico de mi hijo, o todos los manchurrones y tachones rojos de la profe en él. Después de UNA HORA (tal cual) intentando explicarle que era un niño muy *artístico*, que no le veía motivado y creía que se aburría en clase y que por eso le había bajado el rendimiento, lo único que logré fue pedirle que ella dejara de pintar en el cuaderno de mi hijo. «Nada de bolis rojos», le rogué. Protestó, pero acordamos que si ella hacía eso yo me encargaría de que dejara de hacer las imitaciones de José Mota en clase. Y el boli rojo desapareció. Y mi hijo volvió a sacar notables y sobresalientes. Bueno, y José Mota solo salía a la hora del recreo.

PROFES, ¡NO TENÉIS IDEA DEL DAÑO QUE HACE A LA AUTOESTIMA DE UN NIÑO UN BOLI ROJO! Llegué a plantearme escribir a las fábricas de bolis para que dejasen de fabricar bolis rojos. ¡Nadie los necesita! Son *caca, asco*, no tienen una función positiva. Con lo bien que escriben los verdes, los morados, los rosas e incluso los negros.

Lo implanté como rutina para mis primeras reuniones de trimestre con los profes de mi hija: pedirles que no usasen bolis rojos y que pusiesen siempre mensajes en positivo en los cuadernos. Funcionaba. En el capítulo de «*Mi* historia...» también cuento lo que pasó con un dictado de mi hija al respecto.

Pactar NORMAS
(Si has respondido sí a las preguntas 1, 2, 3, 4, 5, 6, 8, 9, 10 y 11)

Sí, esto *también* se debería hacer con todos los niños. Lo ideal es sentarse con ellos y pactarlas una a una. Se pueden evitar muchas discusiones si tienes unas normas establecidas. Y lo ideal es tenerlas por escrito, en un sitio visible: en un corcho, o en el frigorífico sujeto por imanes, al lado de la lista de la compra, por ejemplo. Pero ¡NO SON DE ADORNO! ¡Son para ponerlas en práctica! Para los padres es un ejercicio de CONSTANCIA y FIRMEZA. Si no hacemos cumplir las normas en el día a día, son *papel mojado*.

En mi casa lo de las normas lo hemos revisado cientos de veces. Conforme iban creciendo, las íbamos adaptando. Pero siempre hubo normas. Y siempre las tratábamos de cumplir a *rajatabla*. Tanto es así que a mi hija le encantaba hacer contratos. Una vez redactados, los firmábamos todos y ella le ponía el sello hecho con un corcho de una botella de vino. Hay que tomarse las cosas muy en serio.

Por eso dije en «*Mi* historia...» que cualquier cuartel militar era un paraíso comparado con mi casa. Pero lo hicimos desde siempre así, mis hijos estaban acostumbrados, y como todo lo planteaba como un *juego*, jamás protestaron. Tenían totalmente integrado en su vida lo de las rutinas y normas. Y en mi casa había *paz*. Y eso fue así hasta por lo menos los catorce años de Alicia, cuando ya dejamos de controlarlas, pues ya no nos hacía falta. Cada uno se gestionaba lo suyo con sus alarmas del móvil.

Bueno, estaréis pensando: «tanta perfección no es posible». ¡Obvio! No he educado a extraterrestres, sino a pequeños humanos. También tenían sus momentos, que los recuerdo más como anécdotas que como algo traumático. Os cuento un par de ellas:

Cuando mis hijos eran adolescentes, una de las normas que teníamos era que no se podía insultar, pegar ni decir palabrotas. La pena era de cinco céntimos que echábamos en una hucha de cerdito hecha de botella por nosotros que teníamos en el comedor de casa.

Por aquella época, mi hija muchas veces llevaba moños enormes cuando estaba por casa, pues tiene una mata de pelo impresionante y rizada, lo que le hacía una gracia tremenda a mi hijo Adrián, que cada dos por tres le pinchaba algo en el moño: un lápiz, un tenedor o lo que pillara. Como eso no era ni insultar ni pegar, no pagaba multa, aunque yo le regañaba disimulando la gracia que me hacía a mí también, claro. Mi hija me miraba y decía: «¿mamá, le puedo pegar?» A lo que mi negativa era rotunda. Un día, harta de las bromitas de su hermano, no dudó un instante, se levantó de la mesa, se fue a su hucha, cogió un euro, la echó en la hucha común, ¡y le dio una paliza a Adrián, que no sabía si defenderse o reír!

Lo de la hucha también lo usábamos para penalizar al que cogiera el móvil a la hora de la comida o la cena, pues tengo que reconocer que lo del móvil siempre me ha sacado de quicio. No entiendo por qué muchas veces quedas con amigos o familiares a comer o a cenar, y en vez de estar *allí*, están en sus redes sociales, compartiendo fotos y comentarios de lo que *supuestamente* están haciendo y con quienes *supuestamente* están, pero en realidad *no están* ni allí ni con estas personas. Así que, al menos en mi casa, a la hora de comer, que es cuando estamos todos reunidos, NADIE coge el teléfono.

Cuando yo era pequeña, en las comidas siempre teníamos *la hora de la novedad*, donde cada uno contaba lo mejor que le había pasado en el día. Lo recuerdo con mucho cariño, y de alguna forma buscaba eso, que en ese rato mis hijos, mi marido y yo pudiéramos hablar entre nosotros. Es verdad que con los años ese momento de charla solo me gustaba a mí y muchas veces tenía que competir con la película de turno a la hora de cenar. Bueno, como se trataba de que fuera un sistema democrático, al final cedía por ser minoría. Pero de móvil, ni hablar. Hasta hoy es así.

Volviendo a los ejemplos de cumplimiento de normas...

Otra situación que vivimos no fue tan divertida, y en realidad la verdadera protagonista fue mi sobrina.

Siendo todavía mis hijos adolescentes, recuerdo que un día me llamó mi hermano, que vive en Brasil, para preguntarme si mi sobrina Juliana podía pasar una temporada en mi casa. Le advertí que, aunque tuviera diecisiete años, tendría que cumplir las mismas reglas de convivencia que mis hijos. En esta época mi hija tenía unos doce años, y era fundamental *atarla corto* y ser coherente. Llegué a enviarle por *mail* las normas para confirmar que sería capaz de seguirlas (a ese punto llegaba mi rol de *sargento*). «Sí, sí, sin problemas», me contestó mi sobrina, que creo que tenía tantas ganas de venir a España que ni sopesó lo que le esperaba. Y sí, ¡fue un desastre total!

Entre el espíritu rebelde de mi sobrina, su caos personal y sus resistencias a cumplir órdenes —en realidad, algo así como *yo* a su edad—, ¡los nueve meses que estuvo en mi casa fueron literalmente un *parto*! Hasta entonces en mi casa no se discutía, todo lo negociábamos y lo hablábamos. Todo era fácil, nadie se enfrentaba a nadie. Hasta ese momento.

Para mí fue todo un aprendizaje, pues por un lado me veía en ella con su edad y me daba cuenta de lo que había cambiado y por qué lo había hecho. Todo, por *entrenar* a mi hija a vivir en sociedad. Era como mi propio espejo. Después de estos meses, las dos hemos aprendido muchas cosas, hemos evolucionado, y hoy nos queremos con locura. Puede que ella vea en mí lo que será (o lo que no quiere ser) mañana. ¡Bueno, si es así, espero que sea una versión mejorada de mí, por lo menos la 5.0! Al menos tendrá este libro como punto de partida.

Ah, y mis hijos ni se inmutaron. Ellos seguían su ritmo de rutinas y normas perfectamente. Ahí me di cuenta del buen trabajo que había hecho (vale, yo tampoco necesito abuela), pues ni entraban en las discusiones, ni se alteraban, ni faltaban a las normas que teníamos. Me di cuenta que era un engranaje prácticamente perfecto. Y me relajé. Y todo siguió funcionando igual, pero ya sin hojitas de premios pegadas con imán en la nevera.

Pero para que entiendas realmente la efectividad de las normas y órdenes, además de la efectividad de la firmeza en su cumplimento, especialmente en los más pequeños, te contaré un caso que me pasó también en una sesión de equinoterapia con una de mis niñas:

Carmen, independientemente de su perfil médico bastante peculiar, tiene una increíble resistencia a las órdenes, pues es una niña muy inteligente y con mucha personalidad, ¡lo que la hace inmensamente achuchable! Te va poniendo a prueba constantemente con gran habilidad para lo pequeñaja que es.

Un día de verano que hacía muchísimo calor, le dije que antes de subir al caballo tenía que ponerse la gorra, pues hacía mucho sol. Se negó. Le di todos mis razonamientos, y seguía *empacada*. Entonces le dije: «si no te pones la gorra, no podrás subir al caballo». Pataleaba. Yo me mantenía tranquila y repetía la orden. Volvió a pedirme con cariño y *ojitos de gato de Shrek* lo de subirse. Yo seguía negándome, aunque me moría de ganas de darle un achuchón, ¡por requetelista, la tía! Y así estuvimos todo el tiempo de su sesión. Con un par. Se terminó el tiempo y le dije: «lo siento, Carmen, pero ahora le toca a otro niño». Bajo la atónita mirada de su padre, yo solo pensaba: «este ya no la trae más».

Para mi grata sorpresa, sí lo hizo. Y desde ese día, Carmen dejó de resistirse tanto a las órdenes y normas. ¡Bueno, a veces vuelve a intentarlo! Solo necesitaba hacer «clic». Desde luego, siempre estaré agradecida a padres como los de Carmen, que han confiado en mí y, como un EQUIPO, hemos avanzado en la misma dirección.

Lo mismo me pasó con Hugo, un niño extremadamente sensible que tenía ataques de agresividad y una gran dificultad para gestionar sus frustraciones. En su primera sesión se lo pasó tan bien que luego no quería bajarse del caballo para que montara su hermano.

Cuando ya le dije que tenía que hacerlo, lo hizo enfadado y, dando patadas a todo, salió corriendo y se subió a una valla. ¡La madre no sabía dónde meterse! Quería controlarlo, pero no podía. Con toda mi tranquilidad, le dije a la madre: «vámonos, ya se le pasará». Salimos charlando tranquilamente (bueno, eso yo. La madre tenía el corazón encogido, no sabía si ir a por él o qué hacer). Y cerré la puerta de las cuadras detrás de mí. Hugo, desde encima de la valla, al ver que nadie iba a por él, se quedó mirando y mirando hacia la puerta. Se bajó, se volvió a subir, andaba hasta la mitad de la pista, volvía a la valla... hasta que, después de un rato, se vino tranquilo hacia nosotros, como si no hubiese pasado nada. Le había dado instrucciones a la madre para que no le diera importancia, para que habláramos de otro tema, y así hizo. Lo volvió a intentar un par de veces más, pero al ver que nadie le hacía caso, dejó de hacerlo. Ni en casa, ni en el cole ni cuando venía a los caballos. ¡Otro punto también para esta madre! Y diez para Hugo.

Infelizmente también he tenido dos casos (solo dos, menos mal) opuestos a estos, donde los padres insistían en sobreproteger a sus hijas, y no fui capaz de trabajar sus necesidades por la actitud contradictoria de los padres. En estos casos, de lo que no se dan cuenta es de que acaban por no protegerles realmente, pues el día que estas niñas salgan por la puerta como unas adultas y reclamen de los demás que hagan todas sus voluntades y eso no ocurra, descubrirán lo que es la vida real y no sabrán enfrentarse a ella. ¡Pero cada cual a su lección de vida! Lejos de hacer cualquier juicio al respecto, afirmo que es totalmente respetable. Curiosamente, en una de ellas, la única cosa que hacía «diferente» a esa niña era precisamente la sobreprotección de los padres.

Aquí quisiera hacer un paréntesis más para resaltar un dato muy importante que ya mencioné en el capítulo anterior sobre cómo afecta la actitud de nuestro hijo a nuestro entorno. El hecho de que algunos te digan «le estás malcriando» o «le tienes muy mimado» es muy cansino, te haces plantearte si es cierto lo que dice. Es verdad que a veces es difícil ver esa fina línea entre maleducarle y educarle amorosamente. En cualquier caso, me gustaría que todos tuviesen en cuenta las particularidades de cada niño en concreto. Quitando a sus padres, ¡los demás no lo saben! No conviven con él, le juzgan a la ligera.

Me gustaría ver a toda esta gente que ha dicho eso en algún momento hacerlo mejor. ¡No lo harán! Las cosas no se resuelven a zapatillazos, que parece la vía fácil. Solo parece ser así para el dueño de la zapatilla, no para el niño que se queda con el *culo rojo*, sin entender por qué no le pueden razonar las cosas, por qué él no tiene razón, por qué no le pueden enseñar a hacer las cosas bien... Para ese niño, no es así de sencillo. Hay algunos que tienen una personalidad muy marcada, son «duros de pelar», pero solo con AMOR Y PACIENCIA lograremos que lleguen adonde queremos que lleguen.

Lo que sí tengo claro es que porque un niño sea «diferente» no quiere decir que le tenga que exigir menos. Solo tenemos que hacer de forma diferente las cosas y respetando sus tiempos y limitaciones. Serán más «pobrecitos de ellos» si el día de mañana no tienen recursos para sobrevivir ahí fuera.

Como os habréis dado cuenta, para poder hacer cumplir una orden o norma son fundamentales cinco cosas:

1. Mantener la calma (respirar tú, contar hasta cien si necesario).
2. Hacer valer dicha norma, pero razonándola.
3. No *recrear* el cumplimiento de la norma con eternas discusiones y explicaciones. La recuerdas, y te vas o te giras de espaldas.
4. No permitir que tu hijo te persiga con llantinas.
5. No tener *pena* de tu hijo. Si lo haces, ¡adiós autoridad!
6. Premiarle aunque sea con un abrazo o un beso cuando lo haga bien.

Implantar y seguir una RUTINA
(Si has respondido sí a las preguntas 8, 9, 10 y 11)

La rutina es *fundamental* para todos, no solo para los niños, pues aporta estabilidad emocional, seguridad, autonomía y estructura mental.

¿Por qué estabilidad emocional y seguridad? Muy simple: imagínate lo que sientes cuando entras en una habitación perfectamente ordenada. Eso te da *gustirrinín*, y ni sabes muy bien por qué, pero está todo en su sitio, y sabes dónde tendrás que buscar las cosas si las necesitas. Visualmente es mucho más agradable, por lo que te da placer estar en esa habitación. Eso es lo que le pasa a tu hijo cuando tiene una rutina: el momento de la ducha está en su cajón, el de la comida en otro, la hora de los deberes en otro, y él sabrá perfectamente dónde buscar otros momentos cuando los necesite: en su *cajón* o momento del día adecuado. También sabrá perfectamente qué cajón u hora del día tiene vacío para ocuparlo con sus momentos de ocio o juego, y saber que tiene ese hueco le aportará felicidad.

El poder gestionar su día con perspectiva y sin que le digan a cada rato lo que tiene que hacer le proporcionará esa autonomía e independencia que le harán madurar más rápido, «ser mayor» y responsable de sus acciones y tareas.

Cuando cada cosa tiene su lugar y cada hora tiene una actividad se les ayuda a crear una estructura mental que les proporcionará FOCO, o sea, que solo se tiene que preocupar en este momento de esta tarea, de este cajón, sin pensar en todo lo que tiene que hacer, o lo que hay en los demás cajones y con qué prioridad tendrá que hacer cada cosa. Lo más maravilloso de esto es que le servirá para el resto de su vida.

Aquí, al igual que las normas, es interesante tener su planificación en un sitio visible, para que no haya confusiones y que el mismo niño pueda consultarlo cuando lo desee.

Dependiendo de la edad, lo podemos hacer más o menos gráfico, con caritas y dibujitos de rutinas, con y sin relojes de horas (y de paso reforzar el aprendizaje de las horas), o textos que lo acompañen. Si son más adolescentes, podéis simplemente escribir las horas de cada rutina en una pizarra blanca, por ejemplo.

En mi web www.locamentezen.com encontraréis varios modelos según las edades.

Una forma de ayudar a los niños a recordar al principio lo que tienen que hacer a continuación de cada tarea es poner *post-it* recordatorios en lugares clave. Por ejemplo, nada más levantarse, que se encuentre un *post-it* que le indique ir al baño. En el baño, otro que indique que tiene que vestirse... y así sucesivamente. Para los mayores, las alarmas en los móviles son también grandes aliadas.

En el caso de mi hija Alicia, como a sus ocho años estaba loca por tener un móvil, le di uno viejo y sin tarjeta, y pusimos en él todas las alarmas habidas y por haber:

8:00 levantarse y desayunar
8:15 vestirse
8:25 lavarse los dientes
8:30 peinarse
8:45 salir de casa
...

Las alarmas del móvil y un reloj de cocina era todo lo que necesitaba para vivir en PAZ Y ARMONÍA en mi vida. Ya os lo explico en los ejercicios más adelante.

Sí, señoras y señores. Cuando cogimos ritmo, ¡en cuarenta y cinco minutos estábamos listas para ir al cole! Y eso teniendo en cuenta que me tiraba más de diez minutos para peinarla, por los pelos de *Brave*[1] que tenía. Por la tarde, dos cuartos de lo mismo: hora de deberes, clases de flamenco, merienda, cena, cuentos y cama.

Era superdivertido *ganar a la alarma* o tener que apagarla cada vez que cumplía sus tareas. Lógicamente, con el tiempo automatizó la mayoría de ellas, y fue suprimiendo poco a poco las más elementales.

La ventaja más maravillosa y estupenda de poder gestionar su rutina con las alarmas del móvil es que no les tienes que perseguir para decirles lo que tienen que hacer, ¡pues ya se lo dice el móvil! Bueno, también podéis grabar audios con las acciones y ponerlas como sonido de la alarma. Eso ya es el «no va más», es «rizar el rizo» y hacerlo más divertido aún, pues puedes decir frases graciosas como «Aliciaaaa, ¡hora de peinar esas greñaas!» o cosas por el estilo. No sabéis lo que es eso, nada de gritos, nada de «Ya voooy», y menos de «llegamos tarde».

---

1. Personaje de *Disney*© con unos pelos muy, pero que muy rizados e indomables.

Como ya dije antes, conforme mis hijos iban creciendo, fui fusionando nuestra rutina básica con las *normas* de casa a seguir. Si pactamos la rutina de «hacer deberes a las 16:30», automáticamente esto pasa a ser una norma y, como tal, debe ser cumplida. Por eso es muy importante que dicha rutina y normas no sean impuestas, sino negociadas. Además, tenemos que aceptar que, una vez puestas en marcha, también pueden sufrir variaciones, pero siempre volviendo a negociarlas, como las enmiendas de los políticos. Y con sus sellos de corcho de vino para que sea oficial.

Hoy, a sus veintiún años, Alicia sigue planificándose su rutina y sus tareas con alarmas en el móvil o sus esquemas en el corcho: bajar al perro, sus entregas de trabajo, exámenes, estudios y demás. Bueno, a veces sí me toca perseguirla... ¡cuando apaga la alarma del móvil y se hace la remolona para bajar a su perro! No todo podía ser perfecto, ¿no? Lo que sí es perfecto es ver cómo ella integró eso en su día a día de tal forma que hasta en vacaciones me encontré en su habitación su *rutina* escrita en un papel: su hora de gimnasia, leer, ver su serie preferida, tocar al piano, etcétera. Cuando preguntaba a sus amigos «¿qué tal tus vacaciones?» Ellos contestaban: «Aburrido...». En cambio, ella tenía su *aburrimiento* totalmente planificado.

Realizar ACTIVIDADES VARIADAS
(Si has respondido sí a las preguntas 10, 11, 12, 13, 15 y 16)

Hay niños que o bien son muy nerviosos, inquietos, curiosos, o bien todo lo contrario. Se aburren tanto que acaban acostumbrándose a apalancarse delante de la tele por no tener nada atractivo que hacer. En todos los casos, la cuestión es buscar con ellos actividades que les puedan motivar. Se trata de encontrar su *talento*, ese don que todos tenemos para algo. Puede que sea bailar, pintar, tocar algún instrumento, hacer teatro o jugar al ajedrez. Y si no encuentras en su cole alguna actividad extraescolar que le atraiga, ¡sigue buscando! Mira en los centros culturales de tu barrio, asociaciones de vecinos, busca por internet agrupaciones científicas o lo que se te ocurra.

Aunque hasta aquí había hablado *maravillas* de mi hijo Adrián, también me dio algún dolor de cabeza que otro. En realidad, cuando me di cuenta de que *destacaba* sobre los demás niños de su edad, también le llevamos a la psicóloga para valorar cómo le podíamos ayudar. Como temíamos, Adrián tenía una inteligencia por encima de la media y, lo que en un principio puede parecer motivo de orgullo para una madre, ¡también era motivo para tirarse de los pelos! Te entran mil dudas sobre qué puedes hacer para que aproveche todo su potencial, si llevarle a otro colegio más preparado, hablar o no con los profes, etcétera. Me hice un *máster* en niños con talentos y altas capacidades. Me tiraba noches y noches buscando información sobre el tema y cada vez me desesperaba más. Eran tantos los casos de fracaso escolar en niños como Adrián que ya no sabía si encerrarle en el sótano o si sacarle por la ventana como en *El Rey León* (que casi pasa, ya que le querían para ese musical). También en este caso, acudí a mi gran *musa*, mi *gurú* de la educación y experta en niños en general: mi madre.

Una vez más, sus sabios consejos fueron como agua de manantial para mí. Por un lado, me dijo que mejor no decir nada en el cole, pues estaba comprobado que a los niños «diferentes» se les señala más con el dedo y suelen tener pocos amigos. El riesgo del fracaso escolar y la falta de sociabilización serían mayores. Lo mejor para él era que se integrara y que tuviera una vida de niño *normal*. Por otra parte, sí me dijo que le apuntara a todo lo que se le antojara, y que le proporcionara toda la información que demandara. Así que, ¿me imagináis haciendo juegos para mi hija durante el día y buscando información sobre *dioses griegos y egipcios* por la noche? Así era mi vida... ¡Toda una aventura!

Adrián destacó en *todas* las artes a las que se apuntaba: dibujo, teatro, música, danza... Hasta en artes marciales (es cinturón negro de kárate). Tiene una estantería de trofeos que algún día se caerá por el peso. Se hizo actor de doblaje a los ocho años, participó en anuncios, algún corto, serie y peli como actor, toca cualquier instrumento de oído, dibuja cómics al estilo Marvel y habla cinco idiomas. Le apuntaba a todos los cursos que me pedía, le compraba todos los instrumentos que le apetecía tocar (desde flauta hasta batería, pocos me faltan ya), le compraba libros prácticamente por kilos y le llevaba a exposiciones, teatro o conciertos que creía le pudiesen gustar. Logró hacer todo eso discretamente, sin que sus profes y amigos se diesen mucha cuenta. Gracias a eso, ¡tenía amigos! Hasta jugaba al fútbol sin que le emocionara mucho, solo por estar con sus compañeros. También es verdad que le ayudó mucho tener un carácter dócil y alegre. Caía bien a todo el mundo (menos a su profe de tercero, a la que creo que le fastidiaba que fuera tan «bueno») e increíblemente sobrevivió a su período escolar sin un rasguño, ¡y yo también!

Así que, os lo puedo asegurar por experiencia propia: ante el *aburrimiento* o la *inquietud mental*, tareas variadas y divertidas. Cuantos más recursos tengan, cuantas más personas conozcan, más cerca estarán de saber qué les gusta y qué no, a quién se quieren parecer y a qué se quieren dedicar en el futuro.

Hasta aquí, los recursos básicos que necesitas trabajar en casa para facilitarle el día a día a tu hijo, no solo para hoy, sino también para el día de mañana. Los hábitos que él aprenda ahora le servirán para toda su vida. Puede que ahora se sienta como «El patito feo» del cuento, que no encaje, que no se luzca. Pero acomodar todas las piezas que puedan hacer su vida más fácil le hará florecer como ese cisne precioso que realmente es.

Como puedes comprobar, esto es una carrera de fondo. Si alguna vez flojeas, te entran ganas de rendirte, *te jodes y te aguantas*, con perdón. Levanta y sigue.

Yo siempre digo a *mis mamis* que lo único que NO podemos hacer es tirar la toalla: *la toalla se tiene que atar al cuello y usarla de capa para ser una supermamá (o superpapá).*

Y hablando de supermamás y papás, quisiera mencionar a uno de los muchos *padres* superhéroes que conozco: se llama José, y es el padre de Andrea, una niña con lesión cerebral que acaba de cumplir sus veintiún años. José tiene una cardiopatía que le tiene apartado de su vida laboral, por lo que es él que se ocupa la mayor parte del tiempo de su hija. Y es mi héroe.

Cuando Andrea no está en el centro de día, está con él. Y cuando ella no está con él, se está *buscando la vida* para conseguirle ayudas para pagarle sus terapias, ya sea recogiendo tapones, vendiendo objetos de segunda mano en mercadillos o llamando a asociaciones para este fin. Y siempre le verás con una gran sonrisa, ¡y la cámara del móvil en mano! Siempre graba a su hija para que ella luego pueda verse en casa, en la tele. Me encanta ver su expresión de alegría y orgullo cuando describe la felicidad de su hija cuando se ve en la pantalla grande, o cuando se disfraza, o cuando se va a la playa. Pero también le he visto llorar. Y por eso es mi héroe. Porque se permite hacerlo. Pero al rato, se seca las lágrimas y, con una sonrisa, le dice: «¡Venga Andrea, que nos vamos a ver a la abuela!». Y ella le mira con una ternura que no puedo describir. Le seguiría hasta el fin del mundo...

A eso me refiero cuando digo que hay que ser un superhéroe: hay que luchar, ser fuerte, constante, pero también saber llorar y parar cuando haga falta. Pero siempre con el foco en tu felicidad y la de tu hijo. Ni solo la de uno o solo la del otro.

¿Cómo puedes ayudar a tu hijo en su día a día?

Después de todo lo que hemos visto hasta aquí, quisiera recalcar bien grande, en mis rótulos luminosos:

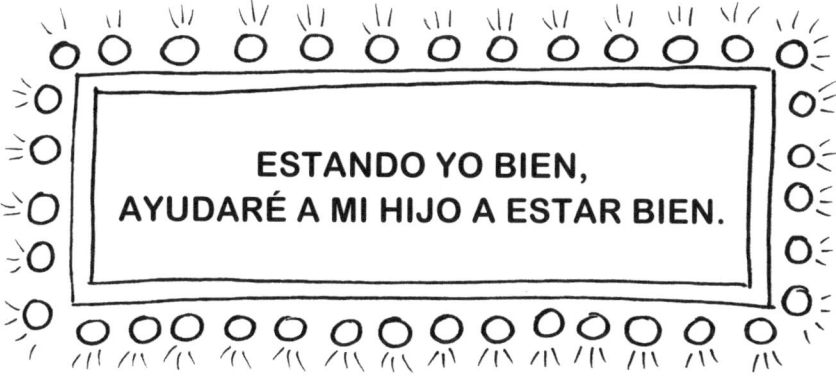

ESTANDO YO BIEN,
AYUDARÉ A MI HIJO A ESTAR BIEN.

Conozco a mucha gente que se ha desvivido en encontrar la terapia perfecta para su hijo, el tratamiento más caro del planeta, el psicólogo más *cool* del momento, pero ¿de qué sirve todo eso si en casa tiene un ambiente totalmente desestructurado y le toca convivir con otras personas que se pasan el día gritando y peleándose entre sí? No sirve para nada. Tu hijo es TU MAESTRO, recuérdalo. No vino para que le cuides, sino para recordarte qué es lo más fundamental en esta vida: VIVIR DESDE EL AMOR Y EN ARMONÍA.

Y es desde ahí que ellos nos transforman a nosotros. La prueba de ello fue un vídeo que emitieron en el conocido programa *El Hormiguero* hace unos años: «Lo verdaderamente importante para una madre en la vida».[2] Recuerdo que sentaron a varias parejas de madres en un sofá donde les preguntaron cosas que les enorgullecía de sus hijos y qué querían que fuesen de mayores, a lo que las primeras dijeron «que fuesen obedientes, que jugasen bien al fútbol y que de mayores estudiasen una carrera, que fuesen buenos estudiantes», etcétera. Luego hicieron las mismas preguntas al otro grupo de madres, a lo que estas contestaron que les enorgullecía «su sonrisa, sus abrazos» y deseaban que «de mayores fueran simplemente *felices*». Este segundo grupo eran madres de niños *diferentes*.

¿Os dais cuenta? ¿Quiénes son realmente las *afortunadas*? Para mí, las que han tenido la oportunidad en esta vida de descubrir lo que *realmente* importa: *el amor*. Ese amor incondicional que nos hace desear única y exclusivamente que la otra persona sea *feliz*.

Y recordad siempre:

¡Si nuestro hijo es FELIZ, podrá ser lo que quiera ser!

Ahora vamos a ver cómo podemos ayudarle realmente.

---

2. Puedes verlo en el siguiente enlace de Youtube (¡lo súper recomiendo!): https://www.youtube.com/watch?v=5aATDUcE57k

Ejercicios prácticos para tu hijo

En este bloque de ejercicios comparto cosas que he probado tanto con mis hijos como en mis sesiones de equinoterapia, pero está claro que cada niño es un mundo. Puede que no todo te sirva, pero quisiera que lo tuvieras en cuenta para inspirarte y buscar soluciones a lo que tu hijo te demande. Y si no, te ruego que me escribas y, en la medida de lo posible, intentaré darte otras indicaciones.

EN CASA

PRÁCTICA 1. Respirar... y volver a zona verde

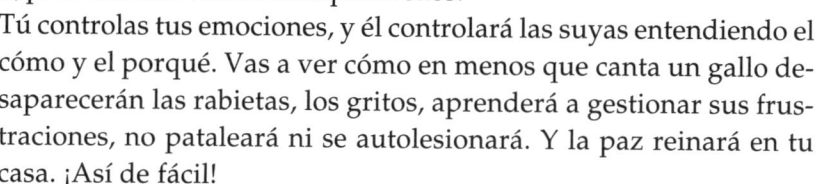

Es el mismo ejercicio que te indiqué para *ti*, pero ahora lo vamos a adaptar a ellos.
Tú controlas tus emociones, y él controlará las suyas entendiendo el cómo y el porqué. Vas a ver cómo en menos que canta un gallo desaparecerán las rabietas, los gritos, aprenderá a gestionar sus frustraciones, no pataleará ni se autolesionará. Y la paz reinará en tu casa. ¡Así de fácil!

Recuerda: enséñale a respirar cogiendo aire por la nariz mientras en su cabeza cuenta hasta tres (o lo cuentas tú en voz alta), y soltando aire por la boca mientras cuentas otra vez hasta tres. Si ves que le resulta difícil aguantar tres segundos la respiración, nos bastará contarlos en la inhalación y expiración. Para empezar, nos valdrá una respiración básica y sencilla. Conforme vaya creciendo, ya le podrás ir retando para que vaya mejorando. Esta parte de enseñarle a respirar la puedes hacer en un momento de juego, incluso tumbado, pues también puedes ponerle cosas en la tripita y le enseñas a hacer la respiración abdominal. Le resultará gracioso ver cómo su barriga hace de *ascensor* para su juguete al inflarla y desinflarla.

Según la dificultad que tenga tu hijo para ejecutar una respiración guiada, puede que no sea tan sencillo explicárselo, como me pasó con Irene, la niña que ya mencioné anteriormente. En estos casos, te indicaré algunos trucos:

- **Apagar una vela**: coge una vela y dile que a la de tres tenemos que apagar la vela, cogiendo mucho aire pero soplando muy despacito. Hazlo con él un par de veces y le felicitas cada vez por lo bien que lo ha hecho.
- **Soplar un molinillo de viento**: puedes comprarlo en un *chino* o fabricarlo tú misma. La mecánica es la misma que con la vela.
- **Soplar un diente de león**: aprovecha alguna salida al campo para buscar esa planta. ¡No hay niño que no le emocione ver cómo vuelan sus *pelillos*!

A continuación te presento mis dos inventos imprescindibles que trabajo con todos los niños y familias que tengo en terapia:

Ejercicios prácticos para tu hijo 127

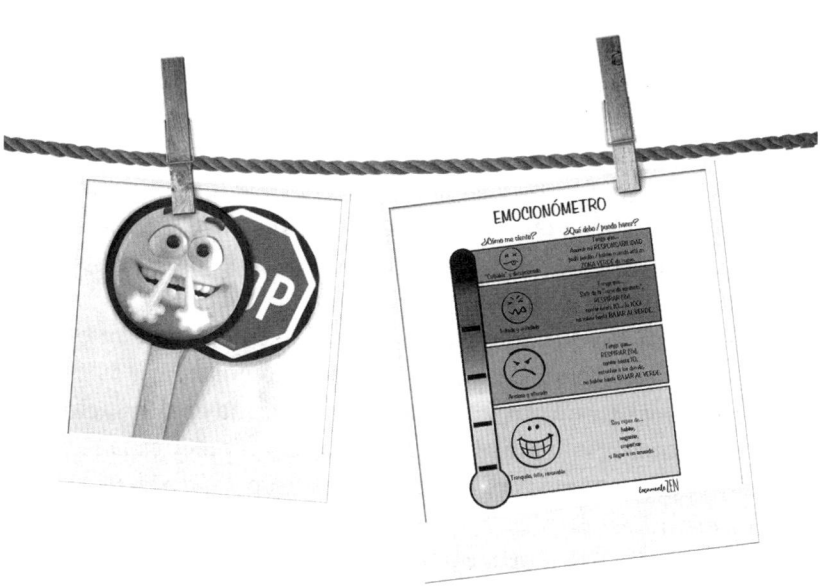

- **Señal de STOP**: descarga la plantilla en la web de www.loca mentezen.com con el dibujo de un círculo de STOP y del emoticono respirando. Luego, lo pegas en un palo de helado (cada figura por una cara) y, cada vez que le quieras hacer respirar, le sacas la señal mientras dices «¡para y respira!».
- **El emocionómetro**: también encontrarás el documento para descargar en la web www.locamentezen.com. Yo recomiendo imprimirlo, plastificarlo y colgarlo en un sitio visible para toda la familia: comedor, puerta de la nevera, o incluso en cada cuarto de la casa, si hay mucho que corregir.

Podéis reunir a toda la familia, explicar lo que es, cómo funciona cada zona y después proponer ponerlo en práctica entre todos.

Funciona como un termómetro: mientras estáis en **zona verde**, vais bien. Todos estáis tranquilos, felices y sois capaces de comunicaros sanamente entre vosotros, pues tenéis la mente despejada. Si habláis estando en zona verde, seréis capaces de negociar con vuestro interlocutor usando argumentos razonables, seréis capaces de escuchar lo que dice el otro, empatizar con su postura y llegar a una conclusión buena para ambas partes.

Ya si entráis en **zona naranja**, se elevan vuestros niveles de ansiedad, subís el tono de voz, o incluso gritáis un poco (¡como si así se os escuchara mejor!) y casi no dejáis hablar a la otra parte. Solo queréis que se os escuche a vosotros, sin importaros mucho la opinión de los demás, o rechistáis a todo lo que dicen los demás. Empieza una guerra de egos: a ver quién tiene más razón.

Aquí los adultos no implicados (o los que consigan mantener la calma) tienen que intervenir para que podáis volver todos a **zona verde**, pues *solo* desde ahí se puede mantener una conversación saludable y armoniosa. Para ello, debéis poner en práctica la respiración tal y como la hemos aprendido al principio de la práctica. Aquí algunos ejemplos:

Si tu hijo empieza a gritar o llorar le dices: «Respiraaaa...». Y lo haces con él.

Si se lía a puñetazos con su hermano, les dices a los dos: «Respiraaaaad...». Y hazlo tú también.

Si empezamos a decir «no grites», gritando también, perdemos toda la credibilidad. Son muy divertidas las escenas donde ambos dicen «no estoy gritando», y el otro responde «el que grita eres tú», cada cual más fuerte. ¿Veis como nuestro cerebro no funciona bien cuando estamos alterados? Ni siquiera somos capaces de reconocer cuando levantamos la voz.

No le regañes por lo que haga. No es el momento. Debes mantener la calma. Desde su frustración no aceptará absolutamente nada de lo que le digas. Desde tu mayor tranquilidad solo tienes que ayudarle a respirar. También es muy efectivo contar hasta diez muy despacito mientras se respira, para que la mente se vaya frenando y ocupándose con otra cosa que no sea el motivo del conflicto.

Si empieza a hablarte con ansiedad, le dices «no te entiendo, tienes que respirar primero». Y no le hagas caso hasta que no esté totalmente tranquilo. Si son de los niños que tienen por costumbre hablar atropellado mientras grita o llora, le dices que tú le irás haciendo preguntas y que él solo tiene que contestar «sí» o «no». Si te cuenta lo que ha pasado, le entrará la energía de la frustración otra vez, y vuelta a empezar. Tienes que ser el *agua fría* que apagará el fuego, no el inflamable que le hará arder más.

Si el niño lo permite, puedes acompañar esa respiración con un abrazo, pues así él notará también tu respiración e intentará igualar el ritmo de la suya. Eso le reconfortará y le ayudará a calmarse más rápido y reforzarás su autoestima. Y volveréis a la **zona verde** más rápido.

Si la situación no se controla estando en zona naranja, dais un salto a la **zona roja** (hay niños y adultos que ya empiezan desde aquí), donde el caos y la ira se instauran, y ya no hay quien lo arregle. Es una zona muy dañina para todas las partes, pues se dicen cosas que no se querían decir, ya no escucháis absolutamente nada, hay intención de hacer daño al otro, y aquí sois todos como una cacerola en ebullición: no estáis en vuestro nivel de calma habitual, nada es «real», no veis con claridad la situación y ya solo respirar no funcionará. Llegado a este punto, es probable que ambas partes estén en nivel rojo.

Si tu hijo grita, da patadas a todo y rompe cosas, solo podéis hacer una cosa: invítale a retirarse a otro espacio de la casa diferente (habitación, jardín, baño...) para volver a la calma por separado, ya que es probable que aquí ya hayas perdido también los papeles. Dile que respire, que cuente hasta treinta, cincuenta o cien si hace falta, y que cuando esté más tranquilo, en **zona verde**, vuelva para negociar o contar lo que le pasó.

Aquí es importante tener en cuenta estas cuatro cosas:

- No perseguir a tu hijo para pedirle explicaciones o tranquilizarle a la fuerza (sabes que no pasará), ni permitir que él te persiga a ti dando su versión de los hechos.
- Tener muy presente que TU CALMA es la clave para volver a la zona verde.

- No contestar a nada de lo que te pueda decir, por más ganas que tengas de hacerlo. Ya lo harás cuando estéis tranquilos.
- No permitir que otras personas implicadas sigan hablando sobre el tema si tu hijo se ha retirado, porque si no volverá diciendo «no es verdad...» y vuelta a empezar.

Si tu hijo es pequeño o tiene ciertas limitaciones y consideras que no sabrá controlar su crisis, y si has conseguido mantener la calma, también puedes intentar abrazarle o cogerle suavemente de las manos mientras le dices que respire contigo para calmarse. Pero solo si tú estás tranquila y eres capaz de hablar con firmeza y amabilidad a la vez, en un tono que no demuestre ansiedad.

Cuando ambas partes estéis calmadas, le invitas a hablar bajito y explicarte qué le pasa, cómo te puede ayudar, y le conduces de forma amorosa, con preguntas, a que empatice con la otra parte. Es importante terminar esta etapa con una negociación razonable donde todos estén de acuerdo con la solución aportada.

Una vez más, si no habéis logrado controlar la situación estando en zona roja, pasáis a la **zona azul oscuro**, donde os invadirá el sentimiento de «culpa» por todo lo dicho hacia el otro.

Antes de hablar sobre esta etapa, me gustaría definir la palabra *culpa*. Según la RAE, es *una falta o delito cometido por una determinada persona*. A veces nosotros mismos nos sentimos culpables por algo que hemos hecho, y en otras nos atribuyen la culpa de algo. En cualquiera de los casos, tiene una connotación muy drástica, parece el fin de algo que no tiene solución. En un juicio, cuando determinan que alguien es «culpable», va a la cárcel o le penalizan de alguna forma.

Cuando tenemos un enfrentamiento con otra persona, sí tiene solución, el final no tiene que ser tan dramático. Por esta razón, me gustaría que intentáramos cambiar la palabra «culpable» por «responsable». Si yo me hago *responsable* por lo que he dicho o hecho, entonces puedo buscar una solución. Si he dicho cosas desagradables, seguramente cuando me tranquilice me arrepentiré de ello, volveré a zona verde, tendré la mente despejada y veré las cosas con más claridad. En este caso, lograré ser más empático, me podré poner en el lugar del otro y actuaré con responsabilidad, buscándole y pidiéndole perdón.

Hay muchos padres que me dicen: «es muy difícil controlarse». Claro que lo es... no será a la primera o a la segunda que lo consigáis. Esto es una carrera de fondo, acuérdate. Un corredor no se tumba en el sofá todo un mes y luego se va a correr un maratón. Hay que entrenarse. Hay que practicar la relajación, hay que buscar tus vías de escape, ser conscientes de las situaciones donde se te va de las manos, trabajar tu ego... *Eso* es un entrenamiento.

En la web de locamentezen.com hay varias relajaciones y meditaciones que te ayudarán a estar en tu centro de equilibrio. Practícalo a diario y podrás controlar los enfrentamientos no solo en casa, sino también en el trabajo o en cualquier otra situación de tu vida. Y cuando lo logres, te sentirás mejor persona, más feliz, más equilibrado. Nada ni nadie podrá sacarte de tu centro. Es como subir al Everest: cuando llegas a la cima, verás las cosas de otra perspectiva, ya no tendrás que *luchar* más para seguir adelante. Es una sensación de control absoluto sobre tu vida y tus emociones. Es como si te diesen el mando de tu vida.

Las siguientes dos prácticas te pueden ayudar a controlar ese momento zona naranja o zona roja del EMOCIONÓMETRO.

PRÁCTICA 2. Sintonizar en la frecuencia del *Om*

No, no me he vuelto majara del todo. Tampoco es una emisora de radio para madres desesperadas —aunque no es una mala idea, ¡pensaré en ello!—.

Como hay miles de personas que lo explicarían mejor que yo, tomaré prestadas las palabras de Ro VerSar, autora de la página www.yogapositiva.com:

Om es un mantra o vibración de sonido. La sílaba «Om» es una antigua sílaba sánscrita mencionada por primera vez en los Vedas. Las enseñanzas sobre la metafísica de este sonido se explicaron posteriormente en los Upanishad. Más tarde es ampliamente mencionado en los Yoga Sutras de Patanjali. Patanjali enseñó: «**Canta Om y tú alcanzarás tu meta. Si nada más funciona, solo canta Om**».

Simbólicamente, **este mantra encarna la energía divina** y tiene tres características principales: **creación, preservación y destrucción/liberación**. La vibración emitida por Om lleva una inmensa energía pránica de **fuerza de vida**. Es una sílaba mística, considerada el mantra más sagrado en el hinduismo y el budismo tibetano. Aparece al principio y al final de la mayoría de las recitaciones, oraciones y textos sánscritos.

Según Paramahansa Yogananda, autor del texto clásico *Autobiografía de un Yogui*: «Om o Aum de los Vedas se convirtió en la palabra sagrada Hum de los tibetanos, Amin de los musulmanes y Amén de los egipcios, griegos, romanos, judíos y cristianos». La sílaba ha sido traducida a muchos idiomas, culturas y tradiciones religiosas diferentes, pero el poder creativo y transformador del sonido sigue siendo el mismo.

Al principio no había nada, lo primero fue una vibración sonora, y de allí todo surgió y el mundo material nació. **Om es la primera manifestación del universo.** Este mantra cantado **vibra a una frecuencia de 432Hz**, que es **matemáticamente coherente con los patrones de frecuencia vibratoria encontrados en el universo**, la afinación del **diapasón cósmico**. Esta frecuencia de 432Hz es también llamada **la frecuencia de la paz**. Todo en el universo está vibrando, nada está realmente quieto. La vibración está en la raíz misma de toda la creación.

Pronunciado correctamente, «OM» suena «AUM». «Aum» consta en realidad de cuatro letras: A, U, M, y la letra silenciosa. La primera letra es A, comienza en la parte posterior de la garganta y se prolonga hacia fuera. Puedes notar cómo el plexo solar y el pecho comienzan a vibrar en esta letra. La segunda letra es U, pronunciada como un largo «ooo» con el que sentirás la garganta vibrar. La tercera letra es M, pronunciada como un «mmm» prolongado. Pronunciando esta letra notarás la parte superior de la cabeza vibrar. La última letra es el profundo silencio del Infinito.

Te lo resumo: «OM» es LA CAÑA, el no va más, algo así como *la voz del mismísimo Dios* dándonos PAZ y AMOR, al mejor estilo John Lennon. Y otra de las muchas cosas que te cuento aquí que simplemente funciona.

La primera vez que la usé fue en la primera sesión con Brandom, un niño TEA con una comunicación prácticamente inexistente. Me subí al caballo con él y nos fuimos a dar una vuelta. Al principio todo iba bien, hasta que le entró una *rabieta* que me estaba costando controlar. Ni marionetas, ni otros juguetes le sacaban de su estado. Entonces me acordé que hacía poco había leído un artículo sobre la frecuencia del OM. Y lo probé con Brandom. Solo le abracé mientras pataleaba, y empecé a emitir la sílaba divina una y otra vez. Magia pura. Al ratito, Brandom estaba tranquilo abrazadito a mí. La chica que me acompañaba guiando al caballo solo me miró estupefacta, ¡no daba crédito! Y yo, casi que tampoco.

Lógicamente lo introduje en mi *base de datos de trucos mágicos*, y lo uso siempre que lo necesito. Recuerdo que incluso una vez, como cuentacuentos, lo llegué a utilizar para calmar un grupo de niños de primaria alteradísimos, justo antes de empezar la actividad. ¡Todos a coro! Precioso y divino.

Pruébalo... ¡te va a gustar!

También puedes buscar por internet «músicas que estén hechas con la frecuencia de 432Hz» y, cuando veas a tu hijo alterado, o una noche que no le puedas contar su cuento, le pones una de estas músicas. Si ves que le va bien, te recomiendo que investigues sobre la terapia de Tomatis, pues está basada precisamente en las frecuencias de diferentes tipos de música.

PRÁCTICA 3. Pensar, medir mis palabras y verbalizarlas de forma amorosa

Para entender la necesidad de comunicarse adecuadamente, me gusta recrear la imagen de una *guerra de titanes*: imaginaos un gigante y un cíclope, grandes, feos y monstruosos, escupiéndose las más grotescas barbaridades, atacándose mutuamente en un enfrentamiento cuerpo a cuerpo muy reñido. Una batalla que puede durar días o décadas sin que se pueda designar ningún ganador.

Eso es lo que pasa cuando decides enfrentarte a tu hijo, o a tu pareja, o a la profe de tu hijo, o a tu suegra, o a tu jefe, o a quien sea, en una discusión a gritos que no te llevará a ninguna parte que no sea a la frustración y a la tristeza. ¿A que es así? En una discusión, aunque uno de los dos acabe dando la razón al otro, realmente nadie gana, pues el que se lleva la razón ya tiene el mal cuerpo de haber discutido y, si es empática, de ver cómo la otra persona se quedó *chafada*. Una discusión te quita mucha energía, te baja la vibración, te hace sacar tus monstruos más feos a la pelea, y suelen ser muy, muy desagradables. Por eso, normalmente «gana» el más desagradable o más hábil con las palabras, y muy pocas veces de buen grado por la otra parte. Aquí hay otra frase que todos hemos pronunciado en alguna ocasión: «es que siempre quieres tener la razón». ¡Obvio! Todos queremos esto. Si no pensáramos que tenemos razón, no entraríamos en ninguna discusión. Si yo creo que los unicornios existen, defenderé a muerte mis creencias. La mayoría de las personas lo hacen, aunque a algunas no les gusta discutir o tienen más baja la autoestima, o simplemente por una cuestión de carácter acaban dando el brazo a torcer por no seguir. Pero esto no significa que al final la otra persona tenía razón.

Pues demos la vuelta a la tortilla...

Ahora imagínate a un titán y a una doncella con un cántaro de agua fría en las manos. El titán vocifera, grita y patalea, mientras la doncella, desde lo alto de una colina, le tira su cántaro de agua fría. El titán, poco a poco se va callando, disfrutando del agua fresquita cayéndole encima.

Eso pasaría si, después de RESPIRAR o contar hasta diez, controlas tus emociones y calmas a tu hijo con palabras dulces y amables, en un tono de voz normal. Poco a poco, tu contrincante buscaría refugio en tus brazos o simplemente se achicaría recibiendo con resignación tus palabras, ya que carecen de agresividad.

Aquí quisiera hacer un paréntesis para contarte una gran lección que me dio mi primer Gran Maestro, mi hijo Adrián, el jodidamente superior en conciencia que cualquier persona que conozco: el que menciono, siempre fue el rey de la tranquilidad. ¡Lo que pasa es que en su adolescencia era exagerado! Lograba sacarnos de quicio a su padre y a mí pues llegábamos tarde por su culpa a todas partes.

Un día, cuando tenía sus catorce años, en plena regañina con él porque estábamos atrasados, el muy desconsiderado sonrió, se acercó a mí, y simplemente me dio UN ABRAZO. Sí, un abrazo. Sin más. Y encima me dice: «te quiero, mamá». ¿Os podéis creer que alguien sea tan absurdamente manipulador para hacer eso? Pues él lo hizo. Y con eso, me desarmó total. ¡*Caputch*! Ya no podía decirle ni *mu*, y no me quedó otra que recibir y devolverle tal abrazo. Ya no me acordaba de por qué le estaba regañando...

Utilicé su técnica más de una vez con mi hija (para eso me vino el maestro *sabio* antes que la del *amor Incondicional*, para enseñarme qué tenía que hacer, ¿no?). Años más tarde, ¡lo llegué a probar hasta con un jefe de conocida reputación de gruñón! En medio de un evento que le dejó nervioso perdido, le di un abrazo de oso mientras le decía «tranquilo, todo está bien», y el resultado fue el mismo: soltó las armas y se rindió al abrazo, bajo las atónitas miradas de mis compañeros, que no daban crédito a lo que acababa de hacer.

¡Funciona! Os lo digo yo.

Pero tampoco me sirve que desde vuestro amor y cariño le digáis, en tono bajito y amoroso: «hijo mío, me tienes de los nervios y no te aguanto». ¡No! ¡El mensaje en POSITIVO es fundamental! A partir de ahora, prohibido decir:

«No te aguanto».
«¿Eres idiota?».
«Eres un vago».
«Me tienes harta».

«Eres malo».
«Pareces tonto».
«Eres un mentiroso».

Y otras sandeces por el estilo. ¡No! Estas frases son como gotas de agua en la roca, pues van calando, calando, hasta que hacen mella. Si le dices a un niño todos los días «eres malo», aunque al principio él no creyera eso, llegará un momento en que sí lo haga. Y no solo creerá en ello, sino que actuará cada vez más como un niño malo.

Aquí quisiera que pusieras especial atención en las frases que empiezan por «Eres...». Estas son las más dañinas. Una cosa es hacer una tontería en un determinado momento, y otra cosa es *ser* tonto. De la misma forma, no es lo mismo tener un momento de «vaguería» que *ser* vago. Cuando definimos cómo es una persona, le estamos dando una identidad. Si ella se lo cree, estaremos reforzando esta actitud en ella. Si no se siente identificada, se cerrará en su ostra, pues pensará «mi madre no me entiende». Y se acabó el recurso de la comunicación.

¡Esta es la parte *dura* del ejercicio! Cambiar tu lenguaje en positivo. Apelar a su empatía, hacer que refleje sus sentimientos como consecuencia de sus actos. ¡Debes practicar! Te dejo algunas sugerencias de frases que *sí* puedes decir:

¿No crees que sería mejor para ti si hicieras esto de esta otra forma?

¿Sabes qué pasa si haces esto así? ¿Te gustaría que pasasen estas cosas?

¿Cómo te sentirías si fuera tu hermano el que te hiciera eso a ti?

¿Has visto alguna vez a papá o mamá hacer eso? ¿Crees que lo podrías hacer de otra forma?

Entiendo que digas esto... pero quizás si fuera de esta otra forma... sería más positivo para ti y para todos.

Hablar en positivo es uno de los aspectos fundamentales de la Programación Neurolingüística (PNL). Según Jonathan García-Allen, la PNL trata de «proporcionar una serie de estrategias y habilidades eficaces para la mejor adaptación de aquellas situaciones que surgen en el día a día».[1]

La idea es hablar siempre en *positivo*, construir mejor que destruir, añadir mejor que restar, aportar soluciones más que rebozarnos en los problemas, reforzar la autoconfianza antes que hundir, explicar en vez de imponer. En suma, darle la oportunidad de *creer en sí mismo*.

El otro día me contaron un cuento *que viene muy a cuento...*

La rana sorda

Un grupo de ranas viajaba por el bosque y, de repente, dos de ellas cayeron en un hoyo profundo.

Todas las demás ranas se reunieron alrededor del hoyo.

Cuando vieron cuán hondo era el hoyo, las ranas de arriba le dijeron a las dos ranas del fondo que se debían dar por muertas.

Las dos ranas no hicieron caso a los comentarios de sus amigas y siguieron tratando de saltar fuera del hoyo con todas sus fuerzas.

Las otras seguían insistiendo en que sus esfuerzos serían inútiles, gesticulaban con sus patitas para que parasen de saltar.

---

1. Puedes consultar la web: https://psicologiaymente.com/coach/principios-pnl-programacion-neurolinguistica.

Finalmente, una de las ranas puso atención a lo que las demás decían y se rindió.

Luego se desplomó y murió.

La otra rana continuó saltando tan fuerte como le era posible.

Una vez más, la multitud de ranas le gritaba y le hacía señas para que dejara de sufrir y que simplemente se dejara morir, ya que no tenía sentido seguir luchando.

Pero la rana saltó cada vez con más fuerzas hasta que finalmente logró salir del hoyo.

Cuando salió, las otras ranas le dijeron: «nos alegra que hayas logrado salir, a pesar de lo que te gritábamos».

La rana, todavía medio aturdida, les explicó que era sorda, y les dio las gracias, pues la estaban animando a esforzarse más y a poder salir del hoyo.

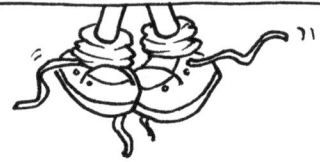

Moraleja: una palabra mal dicha puede hundir a una persona. Una palabra bien dicha, le puede cambiar la vida y darle ese empujón para que salte a la vida.

Recuerdo que una vez entré con mis dos sobrinas, Nathalia y Amanda, en una de estas tiendas de regalos muy *cuquis*, como dice mi hija, de esas que te da ganas de comprarte todas las chorraditas habidas y por haber, cada cual más inútil, pero a la vez más irresistible. Aquello era el paraíso para las dos, que tenían entonces entre siete y nueve años. Tocaban todo, abrían todo, olían todo (sí, no entiendo muy bien por qué, pero lo hacían), y yo solo miraba las etiquetas de los precios y les decía, mientras el sudor me escurría por la frente: «¡niñas, por favor, no toquéis nada!».

Y pasó lo previsible: Nathalia, también una niña «diferente», que tenía la delicadeza de un *elefante en una cacharrería*, como mi hija

—¡malditos genes!—, acabó haciendo volar la tetera de cerámica de *La Bella y la Bestia*. Cómo no, una de las tontadas más caras de la tienda. En una fracción de segundos, me miró *acojonada*, supongo que pensando «Mierda, me va a regañar!», mientras yo la miré pensando «¡Mierda, me va a tocar pagarlo!», mientras decía «Natha...» y me frené justo a tiempo. Sí, logré morderme la lengua, y rectificar: «Bueno, no pasa nada, pero ya no toques nada que no vayas a comprar. Manitas atrás y a mirar con los *ojos*, no con las manos».

Recuerdo su mirada como diciendo «¿y ya está?». Pues sí, eso fue todo lo que hubo. No necesité regañarla, bastante mal ya se sentía ella solita, sobre todo cuando me vio sacando la tarjeta de crédito, como para que también yo la machacara más. Recuerdo que no dijo ni *mu* sobre el tema en todo el trayecto de vuelta a casa, pero sí recuerdo que me dio un abrazo al entrar por la puerta.

Qué hubiese pasado si yo le hubiese pegado un grito, regañado, recordado todas las veces que ha hecho lo mismo, ¿mientras montaba una escenita en la tienda? Yo, incómoda y avergonzada, y ella peor aún. ¿Me hubiese servido de algo? Pues no. Y de esta forma, ¿sirvió de algo hacerlo así? Pues seguramente, pues no alimenté su sentimiento de *culpa* y torpeza hacia sí misma, y evité una cicatriz más en su autoestima.

Si les recriminamos cuando hacen algo mal y luego cuando hacen algo bien pasan desapercibidos, sin reforzarlo de forma positiva, la conclusión será que «todo lo que hago está mal».

PRÁCTICA 4. Negociar normas, rutina y organización diaria

Como ya hemos hablado de este tema anteriormente, a continuación solo te indico lo que, a mi modo de ver, tienes que tener en cuenta para hacer una hoja de rutina para tu hijo:

Rutinas según la edad de cada uno de tus hijos

Una cosa muy importante es que todos los hijos deben tener su hoja de rutina. Lo que se aplica a uno también vale para los demás. Se pueden hacer variaciones de uno a otro si no coinciden sus actividades extraescolares, por ejemplo, o sus edades. Ten en cuenta que a tu hijo de tres años le tienes que hacer una hoja de rutina a lo mejor con cuatro apartados, mientras a tu hijo de ocho años le puedes poner el doble o lo que consideres que pueda cumplir.

Ayúdale a cumplir la rutina del día

Si se resiste a la hora de hacer deberes, por ejemplo, díselo de forma natural y como quien no quiere la cosa para que él no se sienta obligado a hacer una tarea desagradable. Por ejemplo, puedes decirle, «¿qué te parece si te pones ya con los deberes para que luego tengas más rato para jugar o bajar al parque?». También puedes hacer carrera de deberes: «a ver quién resuelve estos problemas antes, ¡tú o yo!» (claro que, tu hijo, ganará la mayoría de las veces). Si estás ocupada haciendo otra cosa, la carrera puede ser: él hace sus problemas de mates y tú planchas la ropa. A ver quién termina primero.

Para que se acueste pronto, le puedes decir que, si está en la cama a la hora pactada, le contarás un cuento o le cantarás una canción —siempre y cuando no seas de las que desafinan, a ver si va a tener pesadillas—, si no, ¡no hay trato! Lo ideal es que os podáis turnar tu pareja y tú para que él sienta esa cercanía de parte de los dos.

Recuerda que es el momento más importante del día para que estés con tu hijo, pues ese ratito contigo le dará seguridad y le hará dormir tranquilo. Antes de dormir, le puedes decir que sueñe con las cosas bonitas y divertidas que cree que le pasarán al día siguiente. También estrecharás los lazos entre hermanos si, en este momento, todos se dan un besito de buenas noches. Conforme se van haciendo mayores, no querrán cuento. ¡Pero también te necesitan! Aprovecha este ratito para preguntarle cómo fue su día, qué querrá hacer mañana o qué tal con sus profes. ¡Y no te olvides de darle un beso y decirle cuánto le quieres!

Puedes planificar, como parte incluso de un juego, la «hora de las cosquillas». A la mayoría de los niños les encanta, y es divertido correr detrás de ellos por la casa para inflarles a cosquillas y besos. Eso sí, no lo hagas antes de dormir, ¡que le alteras! Mejor después de los deberes, para relajar.

Seguro que ya habrás oído cientos de veces, así que lo diré una vez más: es fundamental que en esta rutina haya momentos planificados de placer para ellos (jugar, ver la tele, Playstation...), pues estarán esperando a abrir ese *cajoncito del día* para tener su premio.

Os comparto el modelo de rutinas que propongo a mis familias en terapia, aunque en mi web podéis ver algún modelo más.

Pactamos normas y lo cumplimos todos

Intenta que el mensaje sea siempre en positivo, destacando los premios y no las penalizaciones. No asignes más tareas de las que pueda cumplir, pues se frustrará. Si a pesar de los premios, besos y achuchones ves que tus hijos siguen haciéndose los remolones para cumplir las normas, un truco muy bueno es la típica frase de madre: «voy a contar hasta tres y si no recoges tú los juguetes, te los guardaré yo y ya te los devolveré cuando los merezcas». ¡Pruébalo! De verdad funciona, SI CUMPLES CON LO QUE DICES. En cierta ocasión, Alicia se quedó una semana sin sus prendas favoritas por no haber recogido su habitación.

No digas cosas que no podrás cumplir, como tirar juguetes por la ventana, no ir a un sitio que sabes que irás igualmente, comprarle el helado...

Eso me recuerda que una vez le hice al padre de Alicia tirar un juguete suyo a la basura. Le amenazó con hacerlo, y le hice cumplir con lo prometido. No sé quién sufrió más por ello, mi hija o él. ¡Lección aprendida para los dos!

No le compres todo lo que te pida, solo lo que necesita. Sí, siempre *necesitará* juguetes —y te lo hará saber en un llanto desconsolado y con muy buenas argumentaciones—, ¡lo sabemos! Pues que se lo gane cumpliendo las normas y rutinas pactadas.

Si tarda mucho en comer —a la mayoría de los niños les pasa, como si no tuviesen otra cosa que hacer, oye—, además del truco de ganar al reloj de cocina (¿todavía no te lo he contado? Pues aguanta unas paginitas más), proponle un *premio extra*: si termina antes de que suene el reloj, le das una chuche o una onza de chocolatina.

Planifica con tu hijo cómo será esa hoja de normas: grande, pequeña, dibujada, decorada, o como a él más le guste. Implícale en su desarrollo. Aquí un ejemplo de normas:

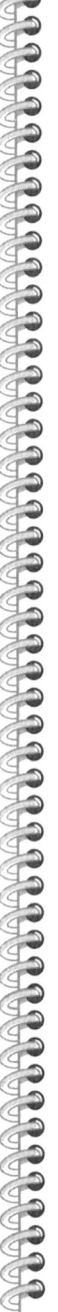

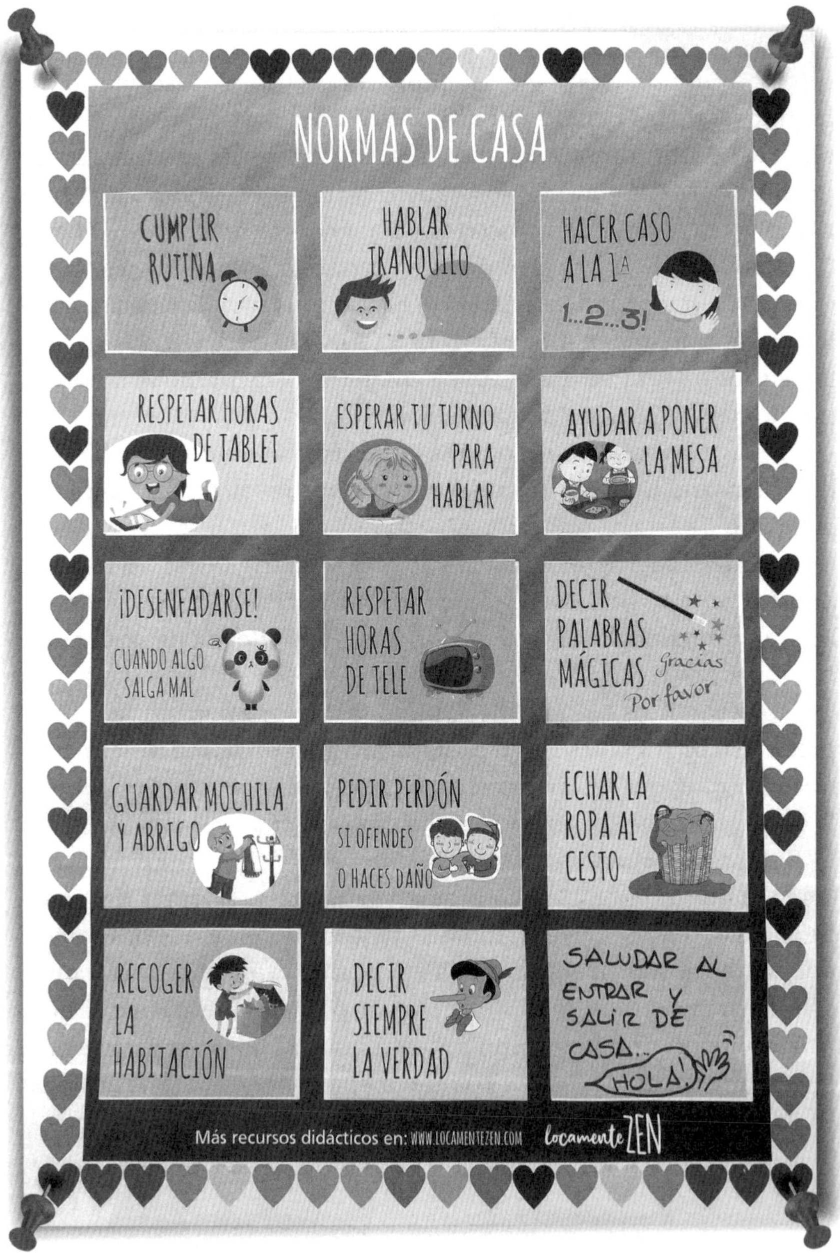
NORMAS DE CASA
CUMPLIR RUTINA
HABLAR TRANQUILO
HACER CASO A LA 1ª 1...2...3!
RESPETAR HORAS DE TABLET
ESPERAR TU TURNO PARA HABLAR
AYUDAR A PONER LA MESA
¡DESENFADARSE! CUANDO ALGO SALGA MAL
RESPETAR HORAS DE TELE
DECIR PALABRAS MÁGICAS Gracias Por favor
GUARDAR MOCHILA Y ABRIGO
PEDIR PERDÓN SI OFENDES O HACES DAÑO
ECHAR LA ROPA AL CESTO
RECOGER LA HABITACIÓN
DECIR SIEMPRE LA VERDAD
SALUDAR AL ENTRAR Y SALIR DE CASA... ¡HOLA!
Más recursos didácticos en: WWW.LOCAMENTEZEN.COM locamente ZEN

Premiamos sus éxitos

Luego, es importante dar seguimiento a estas tareas con una «tabla de éxitos», donde podréis evaluar cada día su cumplimiento con pegatinas de sus personajes favoritos o caritas de emoticonos. Así, él será el que esté deseando revisarla por las noches, antes de acostarse.

Este último punto es fundamental. Si no vas a revisar cada día su hoja de éxitos, ni te molestes en hacerla. Es totalmente desmotivador para tu hijo llegar al final de la semana y no recibir su premio porque no queda claro si ha cumplido o no con sus tareas. Y tirar de memoria no vale. Tu hijo tiene que ser consciente de que no hay premio sin esfuerzo, y tú tienes que ser consciente de que no le puedes premiar si no hace ese esfuerzo.

Bueno, consideremos que habéis integrado en vuestras vidas todo eso tanto como lavaros los dientes: tu hijo a seguir las normas, y tú a revisar sus éxitos cada día. ¡Ahora toca el premio!

Premiar o castigar

Para mí, el verdadero premio siempre será el refuerzo afectivo, ese beso, ese abrazo, esa fiesta chocando los cinco y tu sonrisa de oreja a oreja felicitándole cada vez que haga algo bien. Así que, cada día, a la hora de revisar *la hoja de ruta*, además de elegir la pegatina más *megasuperchula,* mis hijos también se llevaban todo ese festín de besos y abrazos. Luego, al final de la semana, se llevaban el *bote,* el premio en género que pactábamos. Aquí quisiera hacer énfasis en la necesidad de dar recompensas a corto plazo, no más de una semana. No puedes ir acumulando y premiarle a los tres meses. *No es el bote de la once.*

Cuando eran niños, a mis hijos les valía alguna tontería del *chino* (creeréis que tengo acciones ahí, pero no), y cuando fueron creciendo, me pedían un tipo de *paga*. A mí me pareció bien, pues creo que es importante para ellos aprender a gestionar su dinero, darle valor y priorizar sus necesidades. Hasta hoy, cuando mi hija tiene esas temporadas donde se hace la remolona con sus tareas, eso significa que recibirá menos paga. Yo siempre le digo que su paga es el premio por su esfuerzo. Si no hay esfuerzo, no hay paga, o esa será proporcional a su esfuerzo.

Ese concepto de *premio* por el *esfuerzo* es importante recalcarlo muy bien. Debemos evitar castigar a nuestros hijos por no hacer las cosas. Eso les genera una energía negativa, la energía de fracaso y de frustración. Una vez más, lo que estamos es atacando a su autoestima, y se planteará que no logrará hacer mejor las cosas. Por lo tanto, decir «si no

recoges tu habitación estarás castigado sin ir al parque» no es la mejor opción. Lo ideal es decir: «si recoges tu habitación, *como premio*, nos iremos al parque».

¿Sentís la diferencia al decirlo? Hacerlo en voz alta y notaréis la energía entre las dos frases.

Os comparto mi modelo de tabla de éxitos...

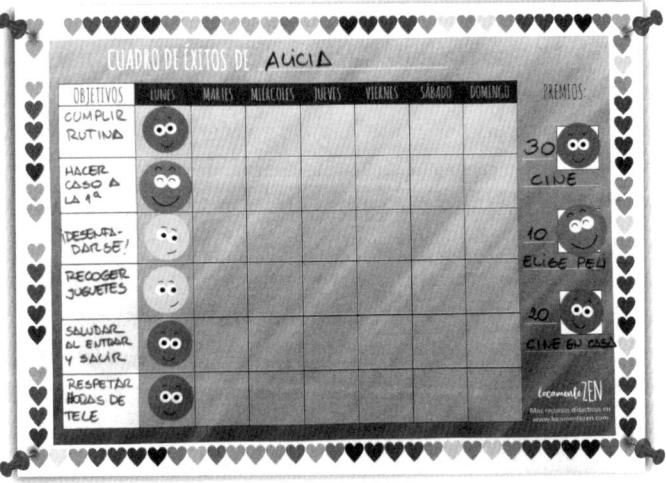

Hay que tener en cuenta que toda rutina en realidad es una norma, aunque no toda norma es parte de una rutina. Por ejemplo, si dentro de su rutina tiene que «hacer deberes», si no lo cumple, en realidad se está saltando algo pactado por ambas partes. Por otro lado, «no decir palabrotas» es una norma que debe seguir en todo momento. En ambos casos, la única forma de motivarle a que lo cumpla es premiarle.

No quisiera cerrar el tema de las normas y rutinas sin haceros una sugerencia: al menos una vez a la semana, intentad cambiar una hora de tele, por ejemplo, por un rato de juegos de mesa en familia. En mi casa, acabé buscando un hueco en el comedor para la pila que tenemos. Hasta hoy, le gusta tanto a mi hija que, no sé cómo, ¡logró que su pandilla de *tiarrones* y *tiarronas* de veinte años y más vengan una vez a la semana a casa a jugar a las cartas o a cualquier otro juego hasta las tantas de la madrugada! Me encanta...

PRÁCTICA 5. El test de las responsabilidades

Te propongo un breve test a modo de resumen de cosas que pueden estar fallando en la relación con tu hijo:

Has perdido la paciencia porque...

a) Tu hijo no deja de pedirte cosas y se enfada cuando no se las das;
b) tu hijo no es capaz de mantener su entorno organizado;
c) tu hijo tarda demasiado en comer/dormir y eso te desespera;
d) tu hijo vive provocando a su hermano o hermana, lo que les lleva a constantes peleas;
e) tu hijo se niega a hacer deberes o estudiar.

Quizás haya sido porque...

a) *En otras ocasiones has cedido a sus peticiones «por no escucharle».*
Pues recuerda que las cosas *hay que merecerlas*. Ayúdale a que cumpla sus normas y rutinas para merecer el premio que te pide. Al igual que tú no trabajas gratis, que percibes un premio por ir a trabajar todos los días, él tiene que hacer lo mismo.

b) *Sueles recogerle los juguetes con tal de no discutir, porque es tarde o por no esperar a que lo haga él.*
Hacer las cosas por él no es hacerle ningún favor. O bien que lo recoja, aunque esto suponga acostarse diez minutos más tarde y que no le hará diferencia, o bien que lo recoja al día siguiente. No es tu problema. Es suyo.

c) *Calculas su tiempo según como lo harías tú, no él, y te pones nerviosa antes de empezar la función.*
Tu tiempo no es su tiempo. Ayúdale una vez a que lo haga en un tiempo razonable, y ese será EL TIEMPO que él necesite. Si te organizas teniendo eso en cuenta, no te desesperarás. Piensa que lo que tú haces en cinco minutos, quizás él lo haga en veinte.

d) *¿Le das suficiente atención? ¿Tienes tiempo para él? ¿Hacéis cosas «en familia»?*
Puede que simplemente tenga necesidad de llamar la atención, quizás porque sienta que su hermano recibe más cariño que él, o simplemente porque necesite una dosis extra de achuchones. Procura que los hermanos hagan cosas juntos, que busquen la complicidad. Organiza juegos en familia donde ellos hagan equipo.

e) *Has dicho a tu hijo «¡vete a hacer deberes!» ya medio enfadada y todo.*
Recuerda que la energía de las palabras es muy importante. Dilo *bonito*, y parecerá algo bueno. Dilo *feo*, y seguro que

pensará que *no mola nada*. Motívale a hacer las tareas que no le gustan prometiéndole compensaciones afectivas, y serán efectivas.

PRÁCTICA 6.
Hacer deberes
con el reloj de cocina

¡Por fin te lo cuento! En realidad es una tontería, pero es *tan útil* que le quería dar todo el protagonismo que se merece.

Si te pasa lo que me pasaba a mí, que había días en que me tenía que sentar al lado de mi hija y quedarme ahí con ella dos interminables horas —el rato de los deberes era eterno, cansino, agotador y desesperante—, que sepas que aquí llega tu bote salvavidas:

El reloj de cocina

El objetivo es ganar al reloj de cocina. Siendo así, lo primero que tienes que hacer, es valorar los ejercicios que tiene y pactar un tiempo determinado para hacer cada uno de ellos. Yo apuntaba con lápiz al lado del enunciado el tiempo que tendría. Aquí es importante que sea algo real, que tu hijo pueda hacerlo sin problema. Luego, le enseñaba en el reloj cuánto era eso. «Cuando el reloj llegue hasta aquí y suene, si has terminado a tiempo el ejercicio, ¡te llevas un beso!». Y me iba a hacer mis cosas.

Al volver, le festejaba y le daba un beso. Con el tiempo, nos inventamos que si al volver ella ya estaba en el siguiente ejercicio, ¡entonces se llevaba *tres* besos!

Es importante hacerlo ejercicio por ejercicio, valorando si necesita tres, cinco o diez minutos para cada uno. A veces le ponía aposta algo más de tiempo, haciéndome la despistada. Al volver, había hecho unos tres ejercicios, ¡y me tocaba comérmela a besos! Me encantaba, le encantaba y no me perdonaba ni uno.

¡Así fue como también logré que desayunara en quince minutos en vez de en una hora! Sí, una hora tardaba la bandida. Menudos madrugones. Pero mi reloj de cocina del IKEA me salvó.

Hablando de hacer deberes, esa espinilla de todas las madres, quisiera hacer otro paréntesis para comentar algo importante sobre eso: el uso de la AGENDA ESCOLAR.

Ese cuaderno que regalan en el comedor escolar al empezar el curso es otra HERRAMIENTA FUNDAMENTAL para lograr que un niño se organice en condiciones.

Al principio mi hija venía la mayoría de las veces sin los deberes apuntados. Me desesperaba, pues me tocaba llamar a las madres de sus amigas para saber qué tocaba. ¡Menos mal que Dios me puso a Ascen —madre de Marta— en mi camino! Mi salvadora, mi apuntadora y amiga paciente. ¡Gracias, gracias, gracias!

Un día se me ocurrió hacer la gran locura de escribir en cada uno de los días de su agenda:

MATES:
LENGUA:
CONO:[2]
INGLÉS:

¡Y fue otro flotador salvavidas! Ella abría la agenda en clase y su instinto le decía que *algo* tenía que apuntar ahí y lo hacía. Y se acabaron (bueno, casi, casi) las llamadas a las otras mamis.

---

2. En esa época llamábamos «Cono» a la asignatura «Conocimiento del Medio», que actualmente se ha sustituido por «Ciencias de la Naturaleza y Ciencias Sociales».

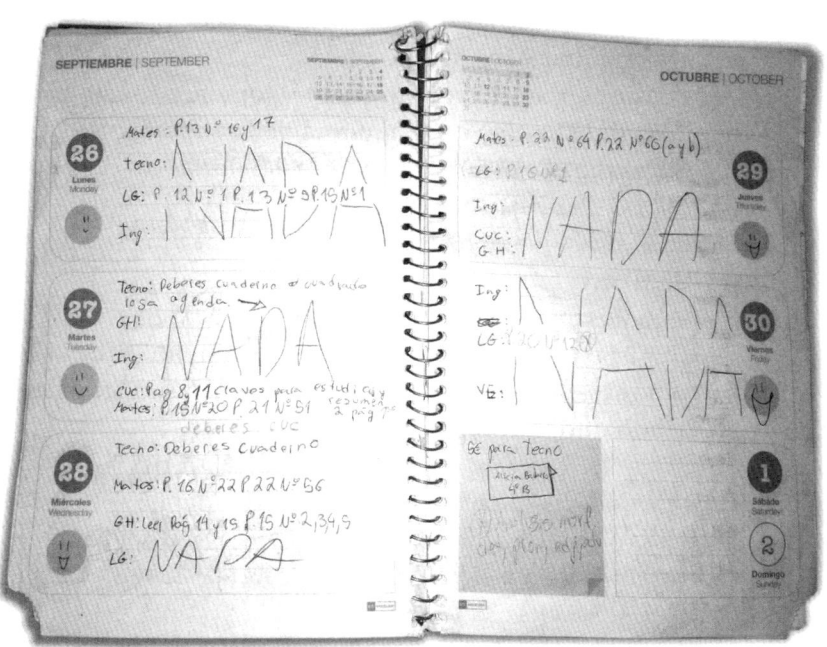

PRÁCTICA 7. Estudiar con esquemas, gráficos y TIC

Los exámenes, ¡qué gran pesadilla! Este es uno de los principales momentos en los que tenemos que ser muy pulcros en la ejecución del *plan perfecto*. Su éxito escolar va a depender en parte de una adecuada preparación de su examen. Siendo así, te indico los pasos a seguir:

1. Tener sus apuntes y cuadernos al día —las agendas y los grupos de chats de madres aquí hacen un papel indispensable—. Igual acaban odiándote, ¡pero son efectos colaterales asumibles!

2. Tener claras las fechas de exámenes con el tiempo suficiente para no pillarte los dedos.
3. Apuntarlos en un calendario visible, como un corcho en la habitación de tu hijo, o en la puerta de tu frigorífico.
4. Planificar días de estudio según la asignatura. Un día antes NO VALE. Para eso, ni te molestes.
5. Si tienes algún juego relacionado con el tema, jugarlo antes de estudiar.
6. Hacer juntos una primera lectura comprensiva del texto, DESPACIO, MUY MUY DESPACIO, casi en cámara lenta y clara, como si estuvieras leyendo a tu abuelo medio sordo y resolviendo dudas de significados de palabras.

Aquí un apunte: ¿qué les cuesta a los señores de las editoriales poner palabras más fáciles o un cuadrito abajo a la derecha de «glosario»? A veces hasta yo tengo que buscar su significado. Ni que les pagasen por complicarles la vida a los chavales.

7. Si es un tema complejo de ciencias, por ejemplo, puedes buscar un vídeo en internet que lo explique de forma visual. Si tiene que estudiar lengua, mates o inglés, hay cientos de aplicaciones para practicar de forma interactiva en el ordenador, móvil o *tablet*.
8. Hacer fichas de resúmenes usando medios folios (una hoja entera es demasiada información) con ideas o conceptos cortos, con rotuladores y bolis de colores, dibujos o esquemas.
9. Modificar el lenguaje o resumir el texto del libro de tal forma que tu hijo entienda todas las palabras, y si no, preguntarle si tiene dudas.
10. Estudiar ficha por ficha poniendo toda la atención en los conceptos y dibujos.
11. Buscar asociación de ideas y palabras para acordarse de nombres difíciles.
12. Usar rotuladores fluorescentes para remarcar datos importantes.

Cuando Alicia tenía algún examen, preparábamos con tiempo sus fichas. Al principio, entre primero y tercero de primaria, se las hacía yo en el ordenador. Buscaba en internet imágenes para ilustrarlas todo lo posible, y montaba dos en un mismo folio. Luego, las repasábamos juntas por si tenía dudas o había palabras cuyo significado no conocía. En un segundo momento, las estudiaba ella sola. Y, finalmente, las repasábamos juntas. Es importante que las *entienda*, no que las memorice. Aquí quisiera recomendar que repartas el trabajo con el resto de la familia, pues se hace muy pesado. Cuando son muchas asignaturas, muchos exámenes juntos, *no te da la vida* para tanto. En mi casa, el padre de Ali le ayudaba con las mates, mi hijo Adrián con el inglés y yo con lengua y cono (ahora ciencias).

Conforme fue creciendo, las fichas fueron aumentando en cantidad y contenido por ficha e intentábamos que las hiciera ella sola, también con sus rotuladores de colores. Yo le indicaba con lápiz en el libro lo que tenía que haber en cada ficha, por gestionar la cantidad de información en cada una de ellas. Siempre las hacíamos en folios reciclados (esto es educar en sostenibilidad), sin líneas. ¿Por qué? Pues por la libertad de poder hacer en cada ficha un esquema, un dibujo, o algo más visual. Además, la mayoría de los niños tienen una buena memoria visual, pero si hay líneas, eso se traduce en *ruido* en esa imagen. Como dice el dicho, «una imagen vale más que mil palabras». Además, los niños de esta generación están más acostumbrados a interpretar imágenes, no texto, por todos los recursos tecnológicos que tienen a su alrededor.

Cuando la cosa se complicaba demasiado y le costaba retener la información, los vídeos de internet eran la solución. Si no los encontraba, me montaba una *historia*, un cuento que ella pudiera relacionar con el tema estudiado.

Recuerdo una vez que estaba muy cansada, teníamos que estudiar, así que, antes de empezar, le hice un «cuento meditativo»: puse una musiquita tranquila, le dije que se tumbara un poquito en el sofá, que cerrara los ojos y solo escuchara. Entonces le conté un cuento como si fuera una meditación sobre el Sistema Solar, donde ella era una pequeña astronauta viajera que volaba por el universo, visitando cada planeta que había ahí. Después de unos 15 minutos, se espabiló y estudió perfectamente, despejada, relajada, y con alguna información ya *almacenada* en su subconsciente.

En todos los casos, intentábamos que no tuviera que estudiar más de cinco fichas por día, era *su tope de retención*, por lo que teníamos que calcular bien cuántas fichas y días disponíamos para ello.

A veces, cuando los profes juntaban demasiados temas en un mismo examen, hacíamos también resúmenes esquemáticos con palabras claves, pues Alicia siempre tuvo dificultad en retener información.

La verdad es que, sobre todo las de lengua, no las tirábamos a la papelera, pues es algo cíclico, que de vez en cuando le tocaba volver a estudiar otra vez.

Durante todo el curso, tenía cuatro sobres de colores traslúcidos, uno para cada materia, y guardábamos ahí las fichas de todo el año. Como a mi hija le daba pena tirarlas, en verano las guardábamos en una caja. Hace poco tiré más de dos cajas de zapatos enteritas de fichas. Madre mía, no me había dado cuenta de lo mucho que habíamos trabajado hasta entonces.

En cierta ocasión mi amiga Rosa le regaló a Alicia el *Método Silva para niños*. Era un taller bastante didáctico donde enseñaban a los niños técnicas de estudio, concentración y visualización adaptadas a los más pequeños. No aguantó ni medio día: «¡Mamá, es fin de semana, no quiero ir a clase!». Y como transformarlo en una experiencia traumática no estaba en mis planes, no volvió. Me dio mucha penita, pues me parecía que le enseñarían técnicas muy interesantes también para gestionar sus emociones, frustraciones, etc. Pero el caso es que como nos quedamos con el material del curso, se lo fui introduciendo yo poco a poco.

Una de las cosas que más le sirvió fue lo de la asociación de ideas para memorizar cosas. Lo utiliza hasta hoy. Recuerdo que cuando una palabra o fecha se le atascaba, se inventaba toda una historia para recordarlo. Así fue como acabó dibujando una muñeca *Bratz* en el mapa de Eslovaquia, para acordarse de que su capital era *Bratislava*.

Y hablando de mapas, no quisiera terminar este apartado de las fichas sin hacer algo más de hincapié en los recursos tecnológicos. A los niños de hoy les resulta atractivo todo lo que venga de una pantalla electrónica. Siendo así, no está de más dejarle que estudie desde algunas páginas webs interactivas para niños. Alicia se podía tirar horas en la página de mapas interactivos de Enrique Alonso,[3] para mí, la más completa que he conocido. Más tarde, en secundaria, el profe que le resolvió muchas dudas de mates, física y química fue David Calle,[4] quien ya mencioné al principio de este libro. David hoy tiene la plataforma de canales de vídeos más espectacular

---

3. http://serbal.pntic.mec.es/ealg0027/mapasflash.htm
4. www.beunicoos.com.

del mundo, ¡o por lo menos de España (uno no puede hablar sin conocimiento de causa)! En cualquier caso, ahí podrás encontrar contenido de primaria a secundaria, de diferentes canales y maestros, así como vídeos de cuentos, cortometrajes y otros vídeos para trabajar los valores, por ejemplo.

PRÁCTICA 8. El cuaderno-*biblia* de Lengua y Mates

Si hay algo de lo que me siento muy orgullosa, es de ese cuaderno. ¡Solo me arrepiento de no haberlo empezado antes! Es el mejor invento que he hecho en toda esta historia. El cuaderno *de todo*, la biblia en verso de toda primaria.

Si no recuerdo mal, todo empezó en tercero de primaria. La profesora solo les dio unas indicaciones para repasar los apuntes en verano, pero no llegó a dar a los niños deberes como tal. Entonces, se me ocurrió la brillante idea de hacer un «Cuaderno resumen».

Recortamos todos los resúmenes y explicaciones del libro de Lengua, cogimos un cuaderno viejo, y empezamos a pegar ahí todos ellos, añadiendo un ejemplo en cada uno. Si nos coincidía un resumen justo detrás de la hoja de otro, lo copiábamos *a patita*. Luego, los remarcábamos con nuestros *rotus* fluorescentes o lo que nos daba la gana. ¡Hicimos hasta un índice que nos quedó de lujo! Total, ¡en seis u ocho páginas habíamos resumido *todo el contenido del curso*!

Nos venimos arriba. Le dimos la vuelta al cuaderno, e hicimos lo mismo, pero con el libro de Mates. Como lo fuimos haciendo a ratitos durante todo el verano, a principios de curso solo tuvimos que echar una hojeada al cuaderno, ¡y revisión hecha!

Al final del siguiente curso, decidimos hacer lo mismo, pero a continuación de este cuaderno. Incluso en algunos casos, en páginas que ya estaban hechas, hemos apañado una *extensión*, pues el tema era complementario.

Ejercicios prácticos para tu hijo   157

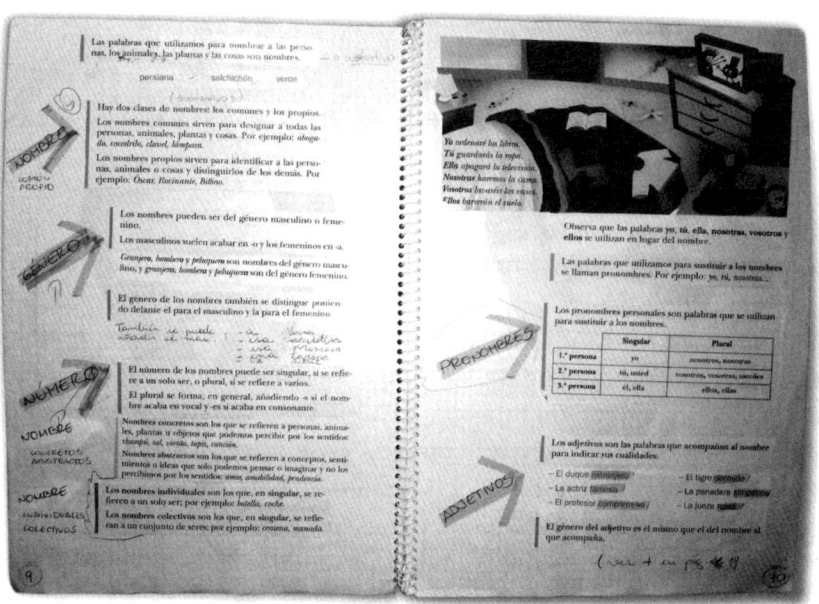

Y así fuimos haciendo hasta sexto de primaria. Al final, nos encontramos con un supercuaderno con *todo el contenido de primaria*, muy bien explicado y resumido.

Al empezar primero de la ESO, los profesores repasaron todo el contenido de primaria, y fue genial, pues Alicia solo estudió de su *cuaderno-biblia*, dado que ahí tenía toda la información que necesitaba.

Cuando algún tema se le *atascaba*, le ponía un esquema en ese mismo cuaderno, pues sabía que sería al que acudiría cuando tuviera que repasar.

La verdad es que hacer ese cuaderno hasta era divertido, pues tenía su punto de *guarreo*, con tijeras, pegamento y *rotus* fluorescentes. Debo admitir que el único punto negativo era que los libros ya no servían para el mercadillo de principio de curso, ¡pero valió la pena!

PRÁCTICA 9. Juegos y recursos didácticos

Seguro que habéis oído la expresión «de tal palo, tal astilla». Bueno, pues en mi caso se podría decir que yo soy la astilla, mi madre el palo ¡y mi abuela el árbol! Tres generaciones de fanáticas por las manualidades y la artesanía.

Podría escribir todo un capítulo sobre este tema. No os podéis imaginar la cara de felicidad que se me pone cada vez que recuerdo las vacaciones de mi infancia. Mi abuela se venía a pasar los tres meses con nosotros y, cuando no estaba metida en la cocina haciendo alguno de sus platos es-pec-ta-cu-la-res y deliciosos, estaba con unas tijeras y papeles en mano, o dando formas a un pegote de arcilla. ¡Era una sorpresa cada verano! Durante el año se hacía una media de tres o cuatro cursos de técnicas de manualidades, y cuando llegaban las vacaciones, lo practicaba con nosotros. Desde pintura, escultura, cerámica, repujado en metal, cuero, macramé, origami, marionetas... Puff, no sabría listarlos. El caso es que todas las tardes nos sentábamos todos alrededor de una mesa enorme y... a crear.

Recuerdo que teníamos tan «en vena» el tema de las manualidades, que mi madre decidió un año que ya no escribiríamos cartas a Papá Noel —como buena catequista que era, no le molaba nada todo el comercio que rodeaba el nacimiento de Jesús—, sino más bien nos haríamos regalos entre nosotros con nuestras propias manos y recursos. Y así fue como alimentamos al *monstruo bueno* de la creatividad en mi familia.

Sinceramente, si no fuera porque creyera que no podría vivir solo de ello, me pasaría la vida haciendo recortables y decorando cosas con mis manitas. Y mis amigos son testigos de ello, pues no hay rincón en mi casa que no tenga algo hecho por mí.

Lógicamente, mi madre creó todos sus juegos didácticos de su proyecto gracias a su creatividad y ese don o gusto heredado de mi abuela de construir cosas.

Aunque aproveché muchos de los juegos del proyecto de mi madre, como ella enseñaba a primero de primaria, hubo un momento que tuve que inventarme otros tantos. Así que me tocó abrir mi propio *grifo* de la creatividad.

La verdad es que mis *cachivaches* son cada uno de su padre y de su madre, todos hechos con basura que iba recogiendo en casa, pero los adoro. Nos salvaron la vida a mí y a Alicia, le dieron un sentido a mi esfuerzo, fueron la *puerta de atrás* que necesité para llevar a mi hija a una escolarización adecuada.

Cada vez que me tocaba crear algo nuevo, me repetía a mí misma: «el punto de partida es la propia realidad del niño». Entonces, me ponía en su lugar y se encendía la bombilla de las ideas, buscaba los ingredientes y le daba al coco.

También tengo que reconocer que, con el tiempo, mi hija y yo hemos adquirido el *Síndrome de Diógenes*, pues guardábamos todo tipo de restos de cajas y botes que nos parecía que podían valer para algo. Y efectivamente, siempre le buscábamos una utilidad. Hasta hoy me sorprende cuando a veces Alicia viene con cosas raras en la mano y me dice: «Mamá, seguro que esto sirve para algo».

Y aquí os presento algunos de mis salvadores *cachivaches* didácticos agrupados por contenido: lengua, mates, ciencias e inglés.[5]

---

5. Puedes descargarte las plantillas o ver los vídeos tutoriales de cómo fabricarlos en www.locamentezen.com.

LENGUA... de trapo

¡Manitas arriba!

Objetivo: trabajar las dificultades ortográficas.

Cómo jugar: se trata de jugar al menos entre dos personas, de tal forma que cada uno tenga una *manita*. Se pueden jugar tantas personas como quieran, siempre y cuando tengan su propia manita. Lo recomendable es hacer unas cuatro desde un principio, para cuando vienen los amigos a casa. Se saca una palabra y, el que primero la golpee, tiene que decir qué letra falta. Le damos la vuelta a la ficha y, si acierta, se queda con la ficha. Si no, se pone debajo del montón otra vez. El juego termina cuando se acaben las fichas. Gana el que tenga más fichas.

Variante: estas mismas manitas se pueden usar para matemáticas. Cambias las fichas de dificultad ortográfica por cuentas matemáticas, figuras geométricas, relojes con horas...

Este juego le encantaba a Alicia. Se emocionaba tanto que más de una vez tuvimos que cambiar los palitos, pues los rompía de tanta fuerza que ponía al golpear la mesa con la manita. ¡Una bruta!

La mayoría de las figuras las recortaba de sus libros viejos del cole, pues eran las palabras que trabajaban en primaria. Si no, de revistas o sacadas de internet. Las guardaba agrupadas en sobres por dificultad ortográfica para poder trabajarlas por separado si fuera necesario.

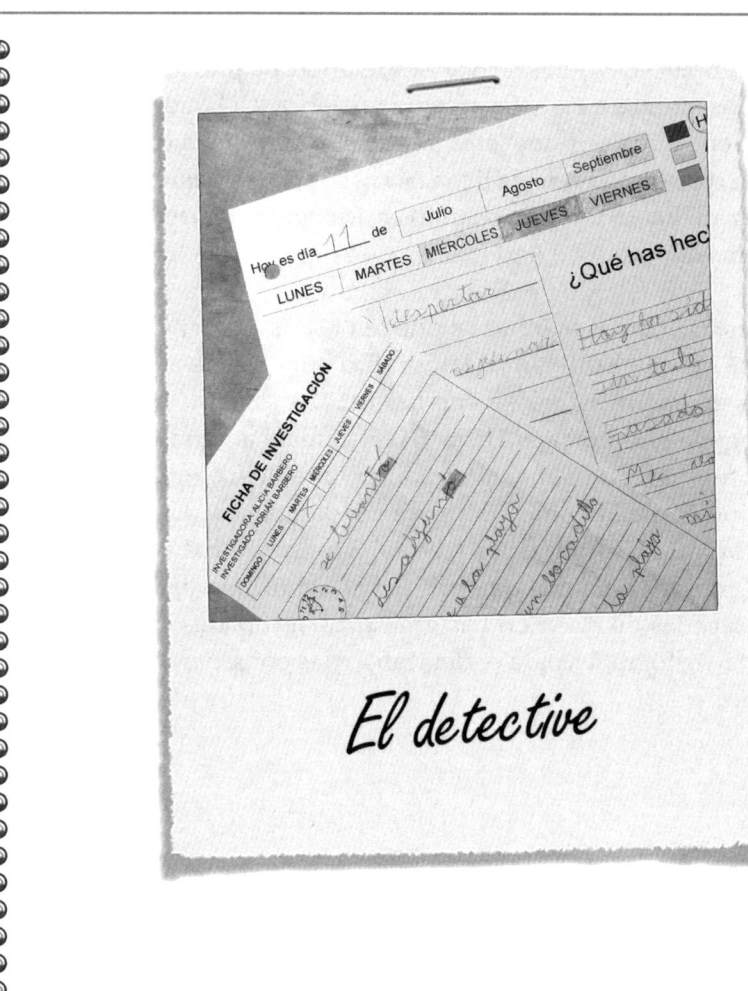

El detective

Objetivo: trabajar los tiempos verbales en pretérito, los días de la semana y las horas.

Cómo jugar: en vez de deberes, pongamos a los niños a investigar a un miembro de su familia. También podemos aprovechar para trabajar las horas, ya que sería ideal saber a qué hora hizo cada acción nuestro *investigado*, así como los días de la semana. En esta actividad se trabajan bastante los verbos en pretérito, pues hablamos de hechos pasados.

Variante: también se puede hacer esta misma ficha en inglés.

Alicia hasta hoy no falla en estas tildes. El investigado en casa solía ser Adrián, que se quedaba con la mosca detrás de la oreja cuando veía a Alicia escondida tras su puerta, mirándole atentamente. ¡Todo un misterio!

Frases locas

Objetivo: trabajar el análisis sintáctico: sujeto, predicado, artículo, sustantivo, verbo, adjetivo y tiempos verbales.

Cómo jugar: ¡toca formar frases locas! Cuando los niños están aprendiendo a construir frases sencillas, nos fijamos solo en la parte exterior del tablero (sujeto/predicado). Luego, iremos introduciendo los demás conceptos para que se vayan familiarizando. Les ayudará a estructurar e identificar cada parte de la frase, además de trabajar los verbos en pasado, presente y futuro.

Se mezclan todas las cartas de los diferentes grupos y, boca abajo, se reparten cinco para cada participante y se hace un montón con las demás. Siguiendo su ronda de turnos, cada uno tiene que poner la carta que quiera, buscando la que mejor encaje con el resto de la frase y teniendo en cuenta las palabras y los artículos en masculino y femenino ya puestos. Si el niño no tiene ninguna palabra que valga, tiene que *robar* del montón sobrante y le salta la vez. El que termine la frase mueve la ruleta del tiempo verbal y lee en voz alta la frase ya conjugada. Gana el que menos fichas tenga en ese momento.

Variante: otra forma divertida es que cada uno ponga la carta que le corresponda en su sitio pero boca abajo, y cuando ya estén todas, dan la vuelta a las cartas, ¡y a ver qué pasa!

También se puede hacer una moneda donde en una cara ponga «quién» y en la otra «qué hizo». Al empezar el juego, lanzan la moneda. Si sale «quién», hasta que no completen las fichas del sujeto, no pueden poner palabras en el predicado. Luego, ya dan la vuelta a la moneda y siguen jugando. El resto es igual.

Recuerdo que nuestras fichas tenían los nombres de las amigas de la pandilla de Alicia, y cuando jugaban juntas era muy divertido.

Jaque... a las *mates*

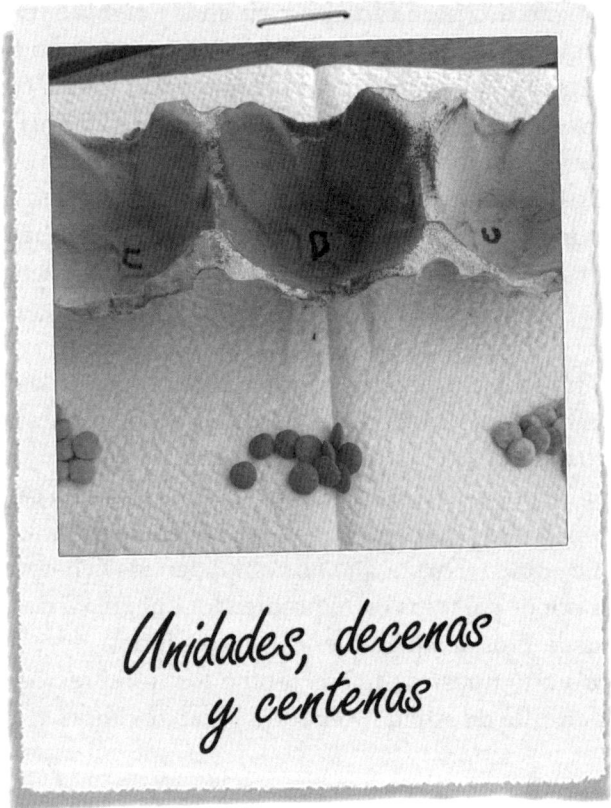

Unidades, decenas y centenas

Unidades, decenas y centenas

Objetivo: trabajar las unidades, decenas, centenas y sumas sencillas.

Cómo jugar: para empezar a trabajar unidades, decenas y centenas, nada más adecuado que fabricar un *ábaco* casero con una caja de cartón de huevos. Escribimos un número de tres cifras en la pizarra o folio y el niño tiene que poner las lentejas que correspondan en cada hueco del mismo color. El truco está en que solo puede haber nueve lentejas o garbanzos coloreados para cada apartado (U-D-C).

Variante: hacerlo en una caja de huevos con 12 huecos (3 filas de U-D-C) para hacer sumas. Apuntar en la pizarra 2 cifras y que el niño coloque las lentejas o garbanzos que corresponda en las dos primeras filas. En la tercera fila hará la *suma* de las dos anteriores, pero teniendo en cuenta que *no se puede* tener más que nueve lentejas en un mismo hueco. Cuando alguno de los huecos llegue a 10, tendremos que sustituir las 10 lentejas por 1 lenteja del siguiente grupo (las restantes se quedan) y pasarla ahí.

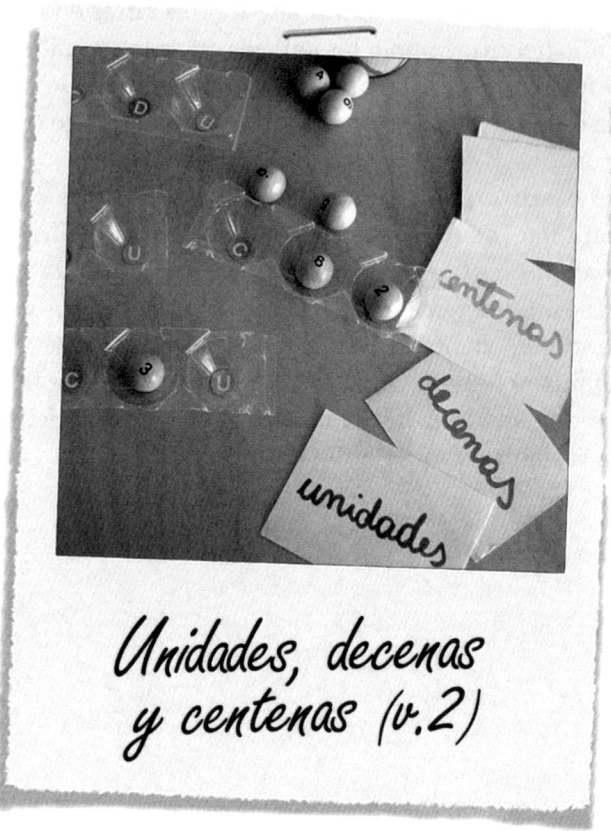

Unidades, decenas y centenas (v.2)

Variante: otra forma de trabajar las unidades, decenas y centenas (ya formando números) es hacer un tipo de bingo. Si tienes las bolitas de un bingo viejo, puedes hacer la base con caja de huevos de codorniz. Si no, puedes escribir los números (del 1 al 9) en pelotas de ping pong y usar la caja de huevos normal. Se *canta* el número a la vez que se da la vuelta a una ficha de «unidad», «decena» o «centena» y el niño tiene que poner la pelota con el número donde corresponda.

Bingo de multiplicar

Objetivo: fijar la tabla de multiplicar.

Cómo jugar: cada uno va sacando de la bolsa una cuenta y diciéndola en alto. Los niños deben ir poniendo lentejas o botones conforme les van saliendo las cuentas. Gana el que cante «¡bingo!». Es importante revisar que todas las lentejas estén puestas en las respuestas correctas.

Dados Par e impar

Dados par e impar

Objetivo: este juego es perfecto para trabajar conceptos como par, impar, doble, mitad, mayor y menor.

Cómo jugar: en los dados azules están los números impares, y en una de las caras, la palabra «mitad». En el rojo, los números pares la palabra «doble». El niño debe lanzar los dos dados y apuntar en cada columna (par/impar) el número que corresponda. Si le toca «mitad» o «doble», tiene que hacer el cálculo mental y apuntar solo el resultado final en una única columna.

Variante: una vez apuntados los números, se pueden poner en el círculo central los símbolos de mayor o menor (> <).

Pañuelo de las multiplicaciones

Objetivo: entender el proceso mental de la multiplicación.

Cómo jugar: con el Pañuelo de las multiplicaciones, los niños formarán un concepto visual de la cantidad de un número multiplicado por otro. Para averiguar cuánto es 2x4, por ejemplo, solo tienen que doblar la tela por la derecha del 2 horizontal y por debajo del 4 vertical. Luego, contar cuántos cuadraditos hay entre medias.

Ejercicios prácticos para tu hijo 173

Bebés glotones

Objetivo: entender el proceso mental de la división.

Cómo jugar: se puede jugar con caramelos de verdad, lentejas o cualquier otra cosa que se pueda repartir. Se trata de dividir entre los bebés glotones las chuches una a una, para que todos tengan la misma cantidad. Luego, se cuenta solo lo que tiene uno de los bebés para saber cuántos caramelos tiene cada uno, ya que todos tienen la misma cantidad. Si sobra alguno, habría que indicar: «cada bebé tiene tanto y sobran tantos».

Variante: se puede jugar con 2 o 3 bebés, o tantos como quieras. Es recomendable siempre empezar por 2.

Números romanos

Objetivo: entender el proceso mental de los números romanos

Cómo jugar: se puede jugar como un rompecabezas, solo tienes que ir poniendo las piezas en su sitio, pero siguiendo la lógica que indica el tablero. Una vez que el niño complete un par de veces todo, ¡ya no se olvidará de los números romanos en su vida!

¡*Cono* la vida misma!

El Sistema Solar

El Sistema Solar

Objetivo: crear un Sistema Solar

Cómo jugar: montar tu Sistema Solar con bolas de poliespán de diferentes tamaños, pintarlos, decorarlos con goma EVA (anillos), y montarlos con pinchos metálicos cortados a diferentes tamaños según el orden de los planetas en el Sistema Solar.

Ah, y truco para acordarse del orden de los planetas (no incluyo los planetas enanos): inventar una frase con la primera letra de cada uno, por ejemplo: ¡**M**i **V**ecino **T**oma **M**ucho **J**arabe **S**abor **U**va y **N**aranja!

Luego lo puedes colgar en la habitación de tu hijo para que lo tenga siempre visible y así se acordará durante mucho tiempo de la disposición de los planetas.

El cuerpo humano

Objetivo: reconocer las partes del cuerpo: órganos, músculos y huesos.

Cómo jugar: se puede jugar en equipos, donde uno tiene los ojos vendados y los demás, la *chuleta* para poder ir indicándole. Elegir *una* de las cosas a trabajar: órganos, músculos o huesos. Meterlos en una bolsa o caja. El niño con los ojos vendados coge una de las figuras e intenta adivinar qué es. Los compañeros pueden ir dándole pistas. Cuando lo adivine, tiene que ir palpando la figura del cuerpo humano e intentar ponerla en su sitio.

Variante: también se puede hacer tipo puzle (sin chuleta), ¡y que todos lo cuadren como puedan!

Yo los he usado desde infantil hasta primaria. Solo iba añadiendo elementos según Alicia iba pasando de curso. Puedes jugar tú con tu hijo, o invitar a casa a los amigos para que jueguen.

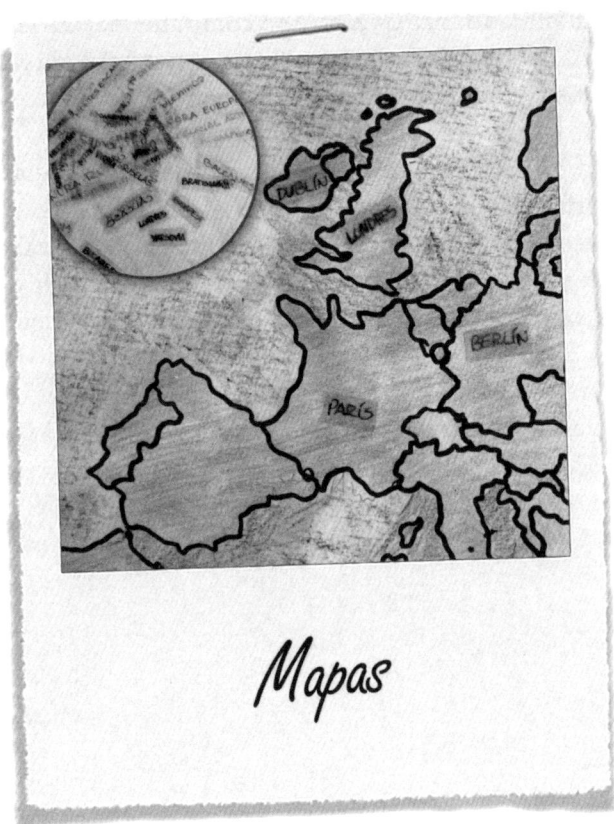

Mapas

Objetivo: aprender el mapa político, hidrográfico y demográfico de Europa.

Cómo jugar: después de imprimir el mapa en tamaño A3, colorearlo y escribir en las transparencias los nombres de los países, capitales, hidrografía y el relieve, toca ir haciendo las combinaciones. Se trata de ir poniendo los nombres de los países y las capitales, por ejemplo, con la mayor rapidez posible. Si no tiene compañeros de juego, que compita con el *reloj de cocina* o el temporizador del móvil. Luego, hacer lo mismo con los ríos y el relieve, pero siempre por separado.

Variante: también se puede hacer otra fotocopia, colorear, cortarlas totalmente país a país y usarla tipo puzle, para reforzar la posición de cada país.

Para los mapas más pequeños (Comunidad Autónoma y España) yo hacía una copia del que mandaba la profesora solo con puntitos de referencia, sin poner nombres de nada, en tamaño A4. Luego, hacía una transparencia para cada mapa (político, hidrográfico y demográfico) con la silueta del mapa en rotulador negro y los nombres que correspondían en sus sitios. Sobre el original, solo tenía que ir cambiando las transparencias, y era todo mucho más sencillo y claro. También podía sobreponer poco a poco todas las transparencias.

Inglés, *of course*

Labels Game

Objetivo: fijar vocabulario en inglés

Cómo jugar: estos rótulos y envases los recogí durante un viaje que hice a Irlanda. Así que, cada vez que hagáis un viaje o conozcáis a alguien que vaya a un lugar angloparlante, en vez de postales, ¡encargarles rótulos de comidas!

Los rótulos son excelentes fichas de lectura. Si tenéis muchos, podéis agruparlos en fundas e ir rotando su uso. Averiguar cuántas palabras reconocen en cada una de sus *fichas de lectura*. Podéis ir pasando de uno en uno, y que cada niño apunte en una hoja las palabras que reconoce. Al final gana el que más palabras reconozca.

Variante: sacar un rótulo al centro de la mesa, y que todos vayan diciendo las palabras que reconocen. ¡Se lo pasan pipa!

Aquí no puedo dejar de recordar el día que presenté esta actividad a Alicia y a sus amigas. Estaban emocionadas y sorprendidas por las cosas que descubrían en los rótulos, la misma bolsa de patatas que compraban aquí, pero toda en inglés, y querían más y más. Me vine arriba y le llevé todo ese material a su profe de inglés, pensando que le haría tanta ilusión como a las niñas y a mí. Su respuesta fue: «No tenemos tiempo para tonterías y juegos». Claro, pensé yo... cómo competir con fichas aburridas y cansinas sobre cómo pedir comida en un restaurante londinense, una realidad muy cercana a estos niños. ¿En qué nos estaremos equivocando?

Memory

Objetivo: fijar vocabulario en inglés.

Cómo jugar: con las fichas hechas con los dibujos del vocabulario de los libros de los cursos pasados de inglés, tendremos este divertido juego. Lo ideal es jugar por bloques de palabras: números, comida, juegos, etcétera. Se ponen todas las fichas boca abajo de forma ordenada en filas y columnas (eso les ayuda a crear esquemas mentales en la cabeza también). Se trata de buscar dónde está la palabra que corresponde a cada dibujo. El que encuentre más parejas de palabras, gana el juego.

Variante: podéis imprimir en pequeño las fotos de los miembros de vuestra familia, para poder trabajar el vocabulario de «familia» (papá, mamá, hermano...).

Un poco de todo...

Trivial del conocimiento

Objetivo: fijar todos los contenidos de clase (mates, lengua, ciencias e inglés).

Cómo jugar: el Trivial del conocimiento nos puede valer para todos los trimestres, cursos y asignaturas, ¡solo tenemos que cambiar las fichas de las preguntas! Las fichas de jugador son tapones de botellas, donde cada uno irá poniendo los redondeles de los colores de las preguntas acertadas. Gana el que primero consiga los cuatro redondeles de colores y llegue al centro del tablero.

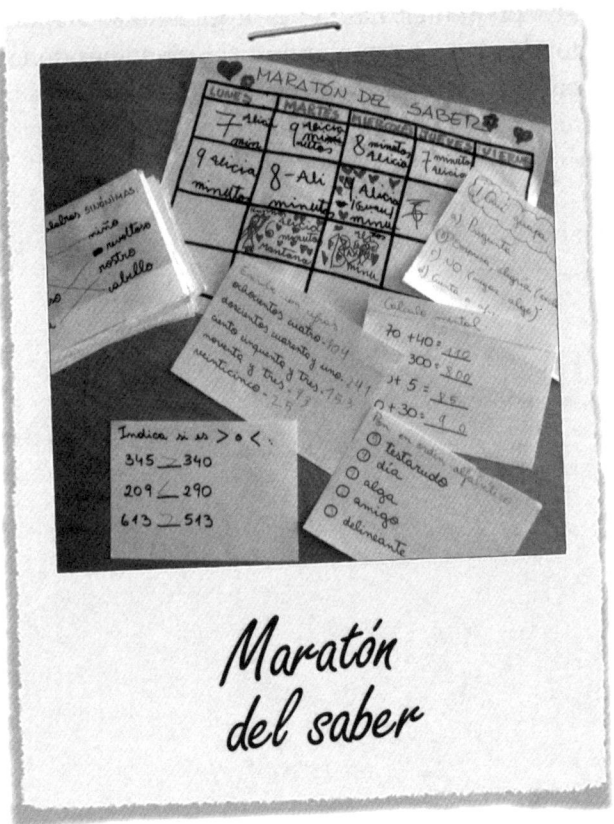

Maratón del saber

Objetivo: fijar todos los contenidos de clase (mates, lengua, ciencias e inglés).

Material: plantilla de cuadrante de la semana, cuartos de folios cortados para las cuestiones y reloj de cocina.

Preparación: antes de empezar, escribir en los cuartos de folios diez ejercicios muy cortos y sencillos de diversos temas.

Cómo jugar: ¿tienes un hueco? ¡Pues a ver cuántas preguntas es capaz de responder tu hijo en 15 minutos! Con el maratón del saber, además de hacer un repaso por el contenido aprendido, también trabajamos rapidez mental, y despertamos el espíritu competitivo (una vez más, ¡puedes competir con el reloj de cocina!).

Variante: también le puedes proponer al revés: ¿en cuánto tiempo responderías a diez preguntas? Poner un cronómetro... ¡y a jugar!

Operación sorpresa

Objetivo: trabajar la motricidad, la agilidad mental, la memoria y reforzar cualquier otra materia.

Material: cinco o más frascos de diferentes tamaños, colores y formas, preguntas varias en papeles pequeños y respuestas a las preguntas también por escrito, y un reloj de arena.

Preparación: meter cada respuesta en un frasco.

Cómo jugar: se puede hacer con cinco o más frascos de diferentes tamaños, colores y formas o todos iguales. La cuestión es meter una pregunta en cada uno (también pueden ser todas de un mismo tema o de diferentes temas). El niño tiene que abrir los frascos y responder a la pregunta, cerrando cada vez cada frasco. La «sorpresa» es que uno de los frascos no tiene pregunta, pero sí un dibujito de un *smile*. El que logre encontrar ese dibujo, gana diez puntos extras.

Variante: también se puede jugar con tiempo. El que responda más preguntas en cinco minutos, por ejemplo, gana la partida.

EN EL COLEGIO

PRÁCTICA 10.
Hacer exámenes satisfactoriamente

Alguna vez nos pasó que Alicia, después de haberse estudiado un tema durante diez días, llegaba al día del examen y simplemente se quedaba en *blanco*. No era capaz ni de arrancar. Se ponía tan nerviosa que se bloqueaba. Y se lo sabía todo.

1. Relajación en la víspera y el día del examen

Aquí fue como empecé a integrar las terapias naturales en su vida. Un día antes de sus exámenes, le hacía alguna terapia energética a la hora de ir a dormir. En mi caso, Shambhalla, que era la que más me gustaba. Luego, visualizábamos el momento, recreando cada gesto suyo, su cara de felicidad al ver que se sabía las preguntas y aprobando el examen. Si al día siguiente se levantaba muy nerviosa, también le daba unas gotitas de L72, que es una medicina homeopática para la ansiedad.

2. Respirar antes de empezar

Introducimos también en nuestra rutina lo de hacer respiraciones para todo. Siendo así, Alicia se entrenó para llegar a clase, preparar su estuche encima de la mesa y, mientras la profe repartía los exámenes, ella hacía sus respiraciones. Se le acabaron los bloqueos. Así de fácil.

3. Practicar la comprensión lectora

También entrenábamos leer los enunciados muy despacio. Algunos profesores más *enrollados* a veces nos dejaban exámenes pasados y practicábamos.

Es verdad que cuenta mucho tener la colaboración de un profe implicado que sepa darle ese *empujoncito* de vez en cuando para que arranque. Por eso la comunicación tiene que ser constante y fluida.

Bueno, ¡y yo me quedaba en casa rezando a la virgen! Que también era como del equipo.

4. Apoyarse en las leyes

En alguna ocasión, en secundaria, también tuve que tirar de *leyes*. Hubo algún profesor que no le daba el tiempo que ella necesitaba para hacer los exámenes y los suspendía por no terminarlos. Al final, me tocó llevarle impreso el BOE donde decía que los niños con discapacidad, dislexia, altas capacidades o TDAH tenían derecho a solicitar otros tipos de exámenes, o bien oral o tipo test, o pedir media hora más para realizarlos. Me gustaba esa última opción, pues no quería que su examen fuera más fácil que el de sus compañeros. Solo necesitaba más tiempo para leer e interpretar con calma los enunciados.

Es importante mantenerse al día con la actualización de la ley, ya que constantemente publican decretos con planes de mejoras. En cualquier caso, yo solo recurriría a ese recurso cuando era realmente necesario. En realidad, después de mi experiencia en mis prácticas de Magisterio, considero que se deberían respetar los tiempos de cada niño para hacer un examen. Hacerlos antes del recreo es una opción, por si tienen que seguir un poco más en ese rato libre. Pero es mi opinión. «Cada maestrillo tiene su librillo».

PRÁCTICA 11. Querida profesora...

Sí, tenéis que asumir que ser una *supermamá* conlleva ser una *superpesada* y a veces indeseada mamá ante los profesores.

No importa. Es asumible. Total, no tienes que comer con ellos los domingos. Sobrevivirás. Alguno hasta te cogerá cariño. Otros, hasta te pedirán algún truco. Y unos pocos bajarán la cabeza o se cruzarán de acera cuando te vean.

En cualquier caso, no esperéis la primera evaluación trimestral para hablar con los profes. Pedirles una cita lo antes posible. Así, ellos ya asumen que este curso tendrán la madre pesada de turno, y tú les sueltas tu discurso sobre tu hijo como mejor te venga. ¡O directamente le regalas mi libro! Sería todo un detalle de tu parte.

Bueno, y si no, le haces al menos una fotocopia *solo de esta página*:

Querido profesor,

Soy la madre de _____ y necesito toda tu colaboración. Mi hijo es «diferente» y necesita que estemos más pendiente de él para poder aprovechar mejor el curso. Soy consciente de que tienes otros 25 o 30 niños más en clase, por lo tanto se trata de buscar soluciones que a ti no te hagan *perder el tiempo*, pero que a la vez le puedan servir para no despistarse con facilidad. Ambas partes saldréis ganando, pues tampoco entorpecerá el perfecto desarrollo de la clase si está más centrado. Si él se aburre, molestará a otros niños.

Estas son algunas de las recomendaciones que facilitarán a todos la convivencia:

1. Sentarle lejos de ventanas, puertas y de compañeros habladores, preferiblemente cerca de la mesa del profesor.
2. Dejarle claras las normas de la clase.
3. Darle órdenes cortas y simples.

4. Para favorecerle su autoestima, es recomendable que no le llame la atención delante de los compañeros, mejor a solas y en un tono de voz tranquilo.
5. Por la misma razón, evitar el uso de bolígrafos rojos en la corrección de sus actividades.
6. Por favor, felicítelo cada vez que haga algo bien, aunque sean pequeños detalles.
7. Motívele a ser su ayudante en algún momento.
8. Cuando se equivoque, o su actitud no sea la correcta, pídale amorosamente que lo vuelva a intentar, motivándole a que lo haga mejor.
9. Asegúrese de que ha apuntado en su agenda correctamente las tareas del día.
10. Comuníquenos cualquier tipo de alteración en sus resultados escolares o actitudes inadecuadas con tiempo suficiente para evitar su fracaso escolar.

Se trata de que podamos trabajar en *equipo* tanto los profesores como nosotros, sus padres. Seguro que ambas partes aprenderemos algo valioso de él al terminar el curso.

Muchas gracias por su colaboración.

(tu firma)

¿Qué? Os habíais creído que no sabía escribir *contenidamente*, ¿verdad? Hasta yo puedo llegar a ser una buena chica cuando me lo propongo.

En realidad habré escrito cientos, miles de cartas a todos los profes de mi hija. A veces más seria, a veces apelando a su corazoncito; otras, desesperada. Pero nunca perdía el contacto con ellos. Y lloraba de emoción cuando me escuchaban y colaboraban conmigo. Hay que insistir, siempre.

Hay otros dos argumentos que comenté varias veces a los profesores para que me hiciesen un poquito más de caso que también me funcionaron bastante bien:

«Si tuvieras un hijo o hija como la mía, ¿cómo te gustaría que la tratasen?». Recurrir a la empatía, hacer con que se pongan tus zapatos, ayuda mucho a que ellos vean cómo te sientes y la impotencia que genera no poder ayudar a tu hijo desde casa. Es importante hacerlo siempre desde el más profundo respeto y con toda la diplomacia que se pueda.

«¿Si a mi hija le faltara una pierna la obligarías a correr? Pues esto es muy parecido. Usted no lo ve, pero en su cabecita hay algo que falta que le impide actuar como los demás niños. Ella actúa así porque no sabe hacerlo de otra forma, biológicamente le cuesta mucho, aunque no sea algo visible como la ausencia de una pierna. Por lo tanto, es importante que Ud. Sepa lo que *puede* y lo que *no puede* hacer». Una vez más, la empatía, el entendimiento de la situación es importante. Y aquí recalco que me da igual el por qué tu hijo es diferente. El caso es que, por la razón que sea, no sabe actuar de otra forma, y tenemos que entrenarle entre todos para que lo consiga.

PRÁCTICA 12. Sociabilización con los compañeros

Aquí tenemos que dedicar la atención que se merece el tema. Los niños se educan prácticamente por imitación, y una buena parte de ese reflejo lo buscan en sus compañeros. Por esa razón, es muy importante que un niño «diferente» tenga amigos que le sirvan de referencia.

Por otra parte, el refuerzo a su autoestima que aporta el tener amigos es fundamental para su desarrollo emocional. Y eso muchas veces no es algo que un profesor pueda gestionar totalmente en clase, aunque sí puede colaborar, pero es más un tema de patio del recreo.

He conocido muchos casos de niños que han demostrado agresividad, frustración, ira, desconcierto, simplemente por no encontrar *su espacio*, por sentirse como el *Patito Feo* de la clase. Los niños que juegan solos en el patio son los que más tarde sufren acoso escolar. No se adaptan a los demás, y por eso sus compañeros les *castigan*.

¿Cómo evitarlo?

Pues al mejor estilo *mi madre*: ¡jugando!

Como comenté en «*Mi* historia...», para mejorar la sociabilización de mi hija, hacía reuniones para hacer manualidades en mi casa. Pero no a todos los niños les gusta eso, así que usemos la imaginación y pensemos qué cosas puedes hacer para traer los amigos de tu hijo a casa sin pensar que tendrás que reformarla cuando salgan por la puerta:

- Ver una peli con palomitas.
- Jugar a los indios haciendo cabañas con sábanas.
- Hacer una fiesta de pijamas.
- Hacer galletas (eso mejor en *petit comité*, con dos o tres amigos, por el pringue).
- Implantar la tarde de los juegos de mesa.
- Inventar una obra de teatro.
- Hacer visitas a parques diferentes (aquí necesitarás compincharte con algún padre más si se apuntan muchos).
- Celebrar todas las fiestas habidas y por haber en tu casa: Pascua (pintar huevos), Halloween, Carnaval, etc.
- Ir a patinar sobre hielo...

Y lo que se te ocurra. Lo bueno de traértelos a tu terreno es que puedes observar la conducta de tu hijo con sus compañeros y corregirle cuando haga falta, de forma discreta y sutil.

Hacer parte de un grupo social con una misma afinidad también ayuda. Por eso, si puedes, apúntale a alguna actividad extraescolar que le guste, siempre que sus limitaciones lo permitan: fútbol, informática, ajedrez, baile...

Recuerdo que cuando tuve que sacar a mi hijo Adrián de la escuela infantil para buscarle un colegio, hice todo un trabajo de investigación para ver cuál era el mejor de la zona, ya que para entonces ya apuntaba que destacaría académicamente. Me estudié los proyectos educativos de cada uno, valoré las instalaciones, profesores, etcétera. Después de mucho investigar, le metí en un cole que tenía muy buenas referencias, pero que estaba a un par de kilómetros de donde vivíamos.

Realmente estaba muy bien, pero por las tardes, cuando bajaba a mi hijo al parque al lado de mi casa, jugaba solo, pues no tenía amigos. Muchas veces me tocaba coger el coche y llevarle al parque cerca de su cole, pues al menos ahí sí tenía amigos, sus compañeros de clase. Empecé a plantearme cambiarle de colegio.

Justo por esa época, se vino de visita a mi casa mi tío Cristóbal, misionero que se tiró más de cincuenta años en el Amazonas, y que desbordaba luz por sus cuatro costados. Recuerdo que le conté mis enredos mentales, mis dudas sobre cambiarle de cole, a lo que él solo contestó: «No sufras, con amor, todo se resuelve». Y yo solo pensé: «Y eso, ¿en qué lado de la balanza lo coloco?». Luego, sin mis respuestas, nos bajamos un rato con Adrián al parque. Y fue ahí donde me di cuenta del paso que tenía que dar. Le vi jugar tímidamente con un grupo de niños que sí se conocían entre sí, se notaba por la complicidad y confianza que tenían jugando. Al preguntar a las mamás a qué colegio iban, todas dijeron que al colegio que estaba justo al lado de este parque, o sea, el que está al lado de mi casa.

Mi madre ya me había soltado el rollo de que los niños aprenden en gran parte gracias a los compañeros, pues su capacidad de sociabilizarse y estar al mismo nivel que sus amigos les ayuda a estar receptivos y a querer acompañar al resto de la clase. También me había dicho varias veces que «el niño que quiera estudiar y tenga ganas de aprender, lo hará en cualquier colegio y más tarde buscará lo que necesite cuando salga de él».

Entonces entendí lo que me había dicho mi tío. Tenía que mirar a la situación con mi *amor de madre*, y valorar lo que en este momento sería mejor para él *como niño* que era, no lo que yo valoraba que podía ser más interesante académicamente hablando. Al siguiente curso le matriculé en el centro al lado de mi casa y Adrián fue muy feliz en ese cole. Además, cada día bajaba al parque con sus amigos. Hasta hoy, viviendo en París, sigue en contacto con aquellos niños con los que jugaba en el parque, sus amigos incondicionales, hoy con barba la mayoría, eso sí.

Con Alicia pasó lo mismo. Sus amigas fueron su FORTALEZA, su apoyo para todo desde primaria hasta secundaria. No sé lo que hubiese sido de ella sin sus amigas. En los últimos años de la ESO se sentaba al lado de Marta o de Eva, sus dos pilares más importantes para que superara esta etapa. La ayudaban constantemente, le explicaban lo que hiciera falta... dos angelitos que creo no lo hubiesen aguantado si no fuera porque la conocían desde infantil y sabían perfectamente *de qué pie cojeaba*. A ellas, mi más infinita gratitud.

Es verdad que eso no siempre es posible. He conocido casos de niños que no han logrado adaptarse de ninguna manera a su grupo, y realmente la mejor opción era cambiarles de colegio. Pero yo barajaría esta opción solo si fuera realmente necesario.

Elegir el colegio ideal

Qué supermadre no ha pasado por ese dilema existencial...

Hay tantas diferencias de un colegio a otro que te puedes morir haciendo comparativas y, a menos que tengas referencias de conocidos, en la mayoría de los casos solo te puedes basar en sus páginas webs, la impresión que te dan sus instalaciones, y la labia que tenga la directora o jefe de estudios en cuestión.

Es verdad que, dependiendo de lo «diferente» que sea tu hijo, puede que no te quede más remedio que llevarle a un colegio muy específico, aunque la mayoría de los centros ya están adaptados para atender a niños con TGD y TEA (Trastorno Generalizado del Desarrollo y Trastorno del Espectro Autista) y con necesidades especiales auditivas y motoras. La Comunidad de Madrid concretamente tiene un «Buscador de colegios»[1] fantástico, donde puedes personalizar bastante esta búsqueda. Supongo que las demás Comunidades Autónomas también lo tendrán.

La pregunta es... ¿se adaptará mi hijo a este cole? ¿Le entenderán? ¿Será mejor para él? ¿Realmente es el mejor colegio que le podría buscar? ¿Será buena la profe que le toque? ¿Caerá bien a los compañeros? ¿Existe vida en Marte?

---

1. Consúltalo en http://www.madrid.org/wpad_pub/run/j/MostrarConsultaGeneral.icm.

A menos que tengas una bola de cristal, no sabrás las respuestas a estas preguntas.

Como conté en la práctica 12 (Sociabilización con los compañeros), yo prioricé que el cole de mis hijos estuviera cerca de casa. Tanto Adrián como Alicia tuvieron profes mejores y no tan mejores, pero su parte emocional estuvo totalmente cubierta, pues además de que no se tiraban media vida en traslados, siempre tenían a sus amigos cerca. Se sentían queridos, eran parte de una *pandilla*. Los mismos que jugaban con ellos en el patio del colegio eran los que nos encontrábamos en el parque a la salida del cole, y son los mismos que *salen de marcha* con ellos hoy. Los que ahora van con barbas o tacones.

Siendo así, en *mi opinión*, el cole que tengas más cerca de casa siempre será una buena opción. Es verdad que no siempre es así de fácil. Como ya comenté también antes, hay veces en que un niño no encaja en un determinado grupo o sistema desde un principio, y a menos que el profesor y el centro lo trabajen muy, muy bien, el fracaso escolar puede estar causado por la falta de adaptación del niño con su entorno.

También he conocido casos de personas que se cambian de casa para estar cerca del colegio donde quieren llevar a su hijo. Esta también es una buena opción, si no tienes una hipoteca que te ate. En este caso, yo también buscaría un centro *supermegaespecial* con una línea pedagógica acorde a mi propia filosofía de vida, de esas que te hacen desear volver a tu época de estudiante solo de pensarlo, siempre y cuando mi bolsillo me lo permitiera, claro. Este suele ser el problema de este tipo de centros y, por más maravillosos que sean, infelizmente no están al alcance de todos.

Pero por darles su atención merecida, a modo de pincelada quisiera mencionar los más conocidos en España, como Montessori, Waldorf y Reggio Emilia. Todos estos parten de una línea constructivista, donde respetan totalmente el ritmo y necesidades de cada niño, donde el punto de partida es la experimentación individual, y el papel del docente es más de colaborador y guía.

Quizás por definir alguna diferencia entre ellos, podríamos decir que Montessori parte de materiales elaborados científicamente para desarrollar habilidades cognitivas del niño, tiene un entorno más estructurado, los grupos respetan sus edades biológicas, aunque cada uno vaya a su ritmo.

Las escuelas Waldorf están más basadas en el desarrollo de la creatividad del niño, sus materiales son más «materia bruta», y son ellos los que crean y construyen. Dan una gran importancia a las artes en general, a la música y al teatro, así como a la espiritualidad (es más holístico). Se puede decir que enfoca la educación hacia la libertad con responsabilidad.

Por último, el método Reggio Emilia, que también es constructivista, parte del principio de que el niño es el protagonista de su aprendizaje. Tiene como punto diferenciador, en relación a los anteriores, la participación de la familia en el centro. De hecho, lo consideran un centro de relaciones. También está más enfocado al desarrollo emocional del niño.

Particularmente, también me atrae mucho Pedagogía 3000, un método bastante holístico —a mi modo de ver—, pero que se está implantando tímidamente en España. Quizás en otra edición de este libro pueda contaros algo más sobre él. Pero lo menciono para que busquéis e investiguéis también al respecto.

Ahora quisiera levantar una bandera por muchos otros colegios, ya sean públicos, concertados o privados, por adaptar su currículo a la «Escuela Nueva» o «Pedagogía Activa», también basada en el constructivismo. Las principales características de este tipo de línea pedagógica es que la educación es integral (intelectual, afectivo social, psicológico, físico, artístico...), placentera (a través de los juegos), activa (el niño es el protagonista), participativa (integra la familia), creativa y democrática (hay libertad de aprendizaje individual).

Infelizmente, todavía existen centros que mantienen una línea pedagógica tradicional (más de los que debería en este siglo), pero todo se andará.

Como también comenté antes, como cuentacuentos habré pasado por más de cien centros, tanto públicos como privados. Sinceramente, puedo asegurar que elegiría antes alguno público que muchos de los privados que he conocido. ¿Mi criterio? Fácil:

- **LA CREATIVIDAD**: me encantaba cuando entraba en un cole y pasaba por pasillos llenos de planetas por los techos, árboles tridimensionales en la puerta de la biblioteca hechos con material reciclado, o pulpos y peces nadando por las paredes. Todo hecho tanto por profes como por alumnos, claro. Qué gusto da ver una aula también llena de carteles y otros recursos visuales (la profe de mi hijo de tercero, la de los cuadernos milimetrados, ¡no tenía ni uno!). Un lugar así inspira al niño a viajar, a soñar y a crear.
- **LA TECNOLOGÍA**: vivimos en el siglo XXI, no podemos limitar a nuestros hijos a estudiar únicamente con libros. Necesitan *tablets*, ordenadores, salas de informática, pizarras digitales, vídeos educativos y plataformas digitales para comunicarse con los padres. Bueno, quizás eso no lo podamos pedir a todos.
- **LA SOSTENIBILIDAD**: además de leer y escribir, tenemos que enseñarles a cuidar el planeta. Que hagan huertos ecológicos, que haya una educación enfocada al ahorro de agua, luz y recursos naturales. También algún plan de reutilización de libros y reciclaje de cuadernos, folios y material, recogida de tapones o lo que sea, ¡por favor!
- **LA EDUCACIÓN EMOCIONAL**: felizmente, cada vez son más los colegios que ponen atención ahí. Durante un par de años, en cada cole al que iba hacía alguna foto a uno de sus cartelitos motivadores que me encontraba por el centro. Luego me acordaba del cole por su frase.
- **LA LIBERTAD**: hay determinadas líneas pedagógicas que hacen bastante hincapié en que cada niño es un mundo y, por eso, su ritmo y evaluación tienen que hacerse también adaptada a ellos. No existe la presión, sino el acompañamiento del niño en un ambiente democrático.
- **LA RELACIÓN AFECTIVA**: la relación de los niños con los profesores se huele desde el portón de entrada, cuando les ves salir corriendo a achuchar a sus profes. Pero donde confirmaba ya esa relación, ¡era en la sala de los profesores! Ahí está la ecografía del centro. Es donde percibes (si vas de incógnita como yo, vestida de hada, con mil colorines y coletas, bien *discreta*) la buena energía de un profesorado que trabaja en equipo. He pasado por muchas

salas de profes. En la mayoría, a la hora del café, aquello es una fiesta. Entre la que trae un bizcocho hecho en casa, la que intercambia *cromos* con los compañeros, las risas, los abrazos, las dietas, las planificaciones de horas de patio... Da gusto verles. Se intuye esa misma energía con los niños, y eso es maravilloso. Pero hubo coles que ni tenían una sala de profesores muy definida, y eso se notaba en su ambiente. Cada uno en su clase, niños serios, profes cabreados... alguno daba *miedito*.

Pero el día que me derretí de alegría fue cuando fui a dar una charla en un cole público de Sevilla la Nueva ¡y hasta hacían *mindfulness* todos los días con los niños nada más entrar en clase! Porque tenía hipoteca, que si no...

Lo que también quisiera dejar reflejado aquí es mi opinión sobre *colegios bilingües vs. niños «diferentes»* con dificultad de aprendizaje. No son compatibles. Ni lo intentes. Cámbiate de casa, de zona o de país, vete a Finlandia si hace falta.

En el colegio de mis hijos intentaron implantarlo y, lo que al principio me pareció algo extraordinario, luego descubrí que no lo era tanto. Como mi fama de *madre tocapelotas* me precedía, algunas profes que tampoco estaban de acuerdo con ello me llamaron para enseñarme el «plan del bilingüismo» que querían implantar. A ver... aquello tenía más agujeros que un queso suizo. No obstante, decidí investigar.

Descubrí un colegio que ya lo había implantado hacía unos cuantos años, por lo que, justo el año anterior sus alumnos se habían presentado a la selectividad. El resultado fue que había sido el colegio con los mejores resultados en las pruebas de inglés, pero en lo general, solo unos pocos alumnos habían aprobado la selectividad, muy por debajo de los demás centros. Una de las profesoras me decía que para que este plan fuera viable, tendrían que hacerles las pruebas de acceso a la universidad en inglés también.

Y seguí tirando del hilo. Fui a hablar con una amiga profesora de inglés que daba clases en un cole bilingüe y que además tenía a sus hijos en el mismo cole. Mi sorpresa fue que me dijo que acababa de cambiar su hijo de centro: el niño estaba *estresadísimo*, pues no era capaz de memorizar (sí, eso mismo...) tantas frases en inglés. No había comprensión lectora.

Y ahora te pregunto: ¿te imaginas el cacao de inglés en asignaturas troncales combinado con niños con dificultades de aprendizaje? Si en castellano mismo ya se hacen sus líos, en inglés... «apaga y vámonos». Ahorrémosles disgustos.

Hoy por hoy no sé si lo habrán reformado, si habrá mejoras o no, o alguna adaptación curricular para niños «diferentes». Ojalá que sí. Pero lo que sí sé es que, una vez más, como cuentacuentos, conocí coles públicos que, también en desacuerdo con ese plan de bilingüismo, crearon el suyo propio. Tienen cartelitos en inglés por todo el centro, los niños dan las asignaturas de plástica y música en inglés y tienen más créditos de clases de inglés que otros centros. Eso sí me parece bien. Troncales en inglés, no, por favor.

A modo de conclusión, yo quiero pensar que poco a poco los coles irán evolucionando. ¡Hay que tener fe! Y la responsabilidad de que esto ocurra también es de cada padre y cada madre, pues debemos demandar de los centros que sean más flexibles, más humanos, que no manden tantos deberes, y si lo hacen, que sean más divertidos y dinámicos, que les permitan ser niños al menos cuando estén en sus casas.

Y a vosotros, los padres, solo os recomiendo una cosa: no saturéis a vuestros hijos con extraescolares, al menos no sin su consentimiento y aceptación. Son niños, pueden descubrir las cosas por sí solos. Pero que ese esfuerzo *extra* lo hagan cuando lo sientan, no obligados y porque a *ti* te gustaría que fuera así.

Como dijo Piaget: «El objetivo principal de la educación en las escuelas debería ser la creación de hombres y mujeres que sean capaces de hacer cosas nuevas, no simplemente repetir lo que otras generaciones han hecho; hombres y mujeres que sean creativos, inventivos y descubridores, que puedan ser críticos, verificar y no aceptar todo lo que se les ofrece».

El apoyo profesional: psicólogos, terapias, y actividades terapéuticas

Ni qué decir tiene que cada niño «diferente» necesitará sus profesionales habituales de trabajo (¡como Alicia necesita a Rafa!): psicólogo, logopeda, fisioterapeuta, psicopedagogo, terapeutas holísticos, o lo que corresponda en cada caso. Buscar uno con quien tu hijo se sienta cómodo y le guste trabajar. Si en algún momento se cansa es porque algo va mal, y si con la terapia no avanza, también. Así que, háblalo con ambos y ve probando. Pero no le *arrastres* a la consulta en contra de su voluntad, pues lograrás el efecto contrario. Como diría Dori (de la peli *Buscando a Nemo*): «Sigue nadando, sigue nadando...».

Hay veces que necesitamos un refuerzo más, algo que le haga también disfrutar de una actividad *extraescolar*, pero que a la vez pueda trabajar algún aspecto suyo que necesite más atención. Así llegué yo a mis caballitos amados, pues era una actividad que a Alicia le encantaba. Pero no fue la única que probamos.

En relación a las terapias naturales, como ya mencioné antes, hay muchas como el reiki, shambhalla, reflexología, masaje metamórfico, terapias esenias y egipcias, acupuntura, shiatsu, EFT, PNL, Access Consciousness®, Thetahealing, constelaciones familiares, terapia regresiva, psicología de la Gestalt y muchísimas más. En realidad, todas son efectivas, todas abrirán una puertecita dentro de ti.

¿Cuál te recomendaría? Cualquiera o todas. Es algo así como elegir un pintalabios: no a todo el mundo le queda igual un mismo color. Y para gustos, ¡colores! Yo soy más partidaria de buscar un TERAPEUTA o FACILITADOR con quien conectes, independientemente de la técnica que utilice. Si logras conectar con él, le das paso a que trabaje con tu alma, te abres, permites que te acompañe. Y si es de los buenos, ya te irá recomendando que pruebes una cosa u otra.

Hay personas a las que no les gusta hablar de sus historias a un desconocido, y en estos casos una terapia energética puede ser muy respetuosa, pues no tiene por qué hurgar en tu vida personal, aunque es bueno *dar pistas* al terapeuta, siempre. Si por el contrario eres de las que simplemente necesitas hablar, soltar y con eso te armonizas, probablemente un *coach* o psicólogo holístico te ayudará más que cualquier otra terapia energética. A otros, simplemente meditar o practicar yoga ya les proporciona el equilibrio que buscan.

A continuación quisiera hablarte de lo que *yo* he experimentado. En ocasiones, o bien los costes son muy elevados, o cerca de tu casa no hay la actividad que quisieras y al final tenéis que elegir (tu hijo y tú) la que mejor se adapte a vuestras necesidades y posibilidades. Las he llamado «Actividades terapéuticas complementarias» y «Terapias colaborativas» para que entiendas que no sustituyen el trabajo de los psicólogos, logopedas y demás, sino que complementan, colaboran y refuerzan el trabajo con tu hijo.

Os cuento un poquito las cosas que he probado y me han gustado, empezando por la que actualmente practico, ¡obvio! Lo de uno siempre es lo mejor, *the best!*, *top ten!*

Está bien... quizás también cuenta que a mí me flipa hasta el olor a caballo, perderme por el campo, ya sea trotando o galopando. Me siento libre, me recuerda mi infancia en la granja de mis padres. No teníamos límites ni conocimientos, y mis hermanos y yo montábamos a nuestra querida *Ruleta* de cualquier manera, a pelo, muchas veces descalzos, y a veces hasta sin riendas, solo con una cuerda medio enredada. Pobre Ruleta, ¡lo que nos aguantaba! Bueno, hoy, echando la vista atrás, pienso que a ella también le *iba la marcha*, pues ni protestaba. Y dependiendo de quién montara, daba más caña o menos caña. Creo que mis hermanos y yo nunca hemos necesitado terapeutas porque teníamos a Ruleta, un lago, nuestras bicis y tres hectáreas de terreno para explorar.

Supongo que estas cosas se te insertan en los genes como un microchip, pues no es muy normal que mi hija, que ni siquiera conoció a Ruleta, también eligiera a los caballos. Y tampoco le mola mucho lo de los concursos de doma clásica. Lo que la hace disfrutar, después de haber superado sus miedos, como conté al principio, es ir al estilo *Brave* (personaje de Disney) con su arco y flecha mientras galopa por el campo. Como yo con mi Ruleta, a lo *salvaje,* y disfrutando de esa sensación de libertad.

Bueno, al lío, ¡que me pierdo con mis recuerdos!

Actividades terapéuticas complementarias

La **equinoterapia**, también conocida como terapia con caballos, es muy efectiva por la emoción que provoca al niño desde el primer momento en que monta a un caballo. Le genera una producción extra de adrenalina y serotonina, lo que hace que su estado anímico sea positivo y esté mejor motivado para realizar cualquier actividad que se le proponga. Sin darse cuenta, está integrando un aprendizaje significativo que le será útil para su escolarización, sociabilización o estructura física.

A grandes rasgos, los niños aprenden a ser sociables, a confiar en los demás, pero también desarrollan su autoestima al darse cuenta de que pueden *manejar un caballo* y que él les obedezca. También se puede perfectamente trabajar el lenguaje, las matemáticas, las ciencias, aumentar la memoria de trabajo, mejorar la coordinación motora, aprender a controlar y exteriorizar las emociones, entre muchos otros aspectos más generales.

En los casos de necesidades más físicas, los efectos también son extraordinarios. Cuando un caballo está en movimiento, su temperatura corporal puede llegar a 38 grados. Este calor es transmitido al niño, haciendo que su musculatura se relaje y permita un trabajo mucho más efectivo sobre su estructura corporal, ya sea en casos de hipotonía o de espasticidad. Los diferentes pasos del caballo (paso, trote, galope) actuarán sobre él tanto con efecto relajante como fortalecedor de su musculatura.

En mi caso, se puede decir que «Gitano», «Florinda» y «Noche» son los terapeutas y yo la coterapeuta.

La **musicoterapia** se basa en el ritmo, la melodía y la armonía que, a nivel terapéutico, se refleja tanto en el aspecto físico, como en el emocional o el mental. La música es ciencia, es matemática. La combinación de estos elementos crea unos esquemas mentales en los niños muy importantes para su desarrollo intelectual. Además, se transforma en una herramienta de expresión, de comunicación hacia el exterior, por lo que también promueve sus relaciones sociales.

A nivel emocional, le ayuda a gestionar su estrés y ansiedad, pues hay una liberación de las emociones contenidas a través de la música muy importante. Y todo eso le favorece una subida de su autoestima. A nivel físico, le proporciona una mejor coordinación motora, desarrolla los cinco sentidos y su percepción espacial. Es importante destacar que es una actividad que el niño puede realizar solo, por lo que también le da autonomía.

Es curioso cómo niños con una sensibilidad muy especial se decantan por la música, ya sea porque esta les aporta un recurso para manifestar lo que sienten en su interior o porque ese es el reflejo que quieren crear dentro de sí mismos.

Una de las grandes ventajas que encuentro en el **yoga para niños** es que lo pueden realizar con sus madres. Se transforma en una actividad que refuerza ese lazo afectivo, aportándole al niño estabilidad emocional. También les proporciona un gran control físico y mental, pues ganan flexibilidad y tono muscular, a la vez que le educan para un estilo de vida saludable.

Así como las actividades anteriores, también le favorece la autoestima, pues el poder lograr acompañar la clase con todas las posturas propuestas le da esa seguridad de poder hacer algo bien. Es un estímulo perfecto para la memoria de trabajo, ya que tiene que repetir siempre que se le pida estas posturas.

El yoga es un gran canalizador de ese exceso de energía que tienen los niños, pero es fundamental buscar una actividad muy bien adaptada a ellos, para no caer precisamente en el aburrimiento. Es importante que la persona que lo imparta logre hacerlo de forma lúdica y atractiva, con canciones, cuentos y otros recursos agradables para un niño.

Otras actividades similares al yoga en cuanto a los beneficios, son las **artes marciales, como el judo o el kárate**. Les aporta control físico y emocional, les ayuda a liberar esa energía sobrante y les proporciona unos principios morales que les servirán para toda la vida.

De hecho, quisiera ilustrar lo que digo con una anécdota vivida por mi hijo Adrián, cinturón negro de kárate: en tercero o cuarto de la ESO, no lo recuerdo muy bien, en pleno apogeo de las hormonas adolescentes, recuerdo que más de una vez los chicos de su instituto *se buscaban* para empezar una pelea así, de la nada. Yo temía el día que le provocasen a Adrián, sobre todo porque sabía de lo que era capaz, físicamente hablando (lo avalaban los trofeos que doblaban la estantería de su habitación). Y ese día llegó. Un chaval que apenas le conocía le miró torcido en el descanso y le dijo, sacando pecho: «A ti te estaba buscando...», a lo que Adrián simplemente le contestó: «Pues no me has encontrado». Y siguió su camino en vez de lucir sus musculitos y su ego.

Casi lloro cuando me lo contó. Creo que es eso lo que buscamos todas las madres: que nuestros hijos encuentren ese equilibrio emocional. Solo eso hará de ellos *hombres de bien* el día de mañana. Pero tenemos que proporcionarles las herramientas adecuadas para que esto ocurra.

Terapias colaborativas

Y buscando y buscando, *nadando y nadando*, probé otras muchas terapias que ayudaron a Alicia a ir superando algunos obstáculos más. Cada una en su medida. Te hablaré un poquito de algunas de estas terapias pero, en esta ocasión, te las cuento en el orden que las he probado, aunque algunas las he ido solapando. Te recomiendo que si te vibra alguna de ellas, busques más información. Esto es una pequeña pincelada de una infinidad de posibilidades. Como ya comenté anteriormente, siempre las probaba yo primero, y según sus efectos, lo hacía Alicia.

Terapia craneosacral

Nuestro cuerpo es como un mapa. Todo lo que sufrimos o bloqueamos lo somatizamos físicamente. Un terapeuta experto en leer este *mapa* sabrá detectar qué emoción estamos bloqueando en nosotros y, a través de la palpación, nos va desbloqueando. En un principio, esta terapia trabaja empezando por la relajación de los huesos de nuestro cráneo, y dicha relajación se extiende por nuestra espina dorsal hasta llegar al sacro. Esto hace que podamos conectar con nuestro Yo más escondidito y, desde ahí, desbloquear lo que necesitemos en este momento.

Yo llevé a Alicia a esta terapia porque no dormía bien. Se despertaba unas cuatro o seis veces por la noche, se venía a mi cama, yo la volvía a llevar a la suya, y vuelta a empezar. Y así hasta sus diez años. Recuerdo que en esa época medio sueldo se me iba en maquillaje para disimular mis ojeras. En una única sesión, mi querida maestra de meditación, Tina Lindhard, acabó con sus viajes nocturnos y con mi sufrimiento, ¡aunque en las dos primeras noches era yo la que me despertaba para comprobar si seguía respirando! Nunca más volvió a despertarse. Y sus noches bien dormidas repercutieron en días más aprovechados.

Masaje metamórfico

Yo siempre había sentido cierta culpabilidad, pues durante el embarazo de Alicia pasé algunas situaciones *complicadas* que creía que habían podido alterar su equilibrio físico y emocional. Como me habían comentado que este masaje estaba bastante relacionado con el período gestacional, decidí probarlo. La verdad es que sí noté que mejoraba mucho su ansiedad en épocas de exámenes, por ejemplo. Se trata de un masaje muy sutil y relajante en pies y manos.

Reflexología

Es muy similar al masaje metamórfico, pues también es un masaje de pies y manos. Es una terapia muy efectiva para cualquier persona, pero para los niños resulta además muy agradable. Antes mencioné el *mapa* que tenemos en nuestro cuerpo, ¿verdad? ¡Pues imaginaos la versión de bolsillo de este mapa en nuestros pies! Tenemos tropecientos puntitos en los pies, cada uno relacionado con un órgano del cuerpo. Le ayudó mucho a Alicia por sus problemas de estómago, también causados por los nervios. Algunas noches hasta yo misma le masajeaba los pies para que se relajara un poquito más. ¡Le encantaba!

Tomatis

Esta técnica me gustaba más a mí que a mi hija. Es un método de estimulación neurosensorial basado en los cambios de tonos graves y agudos y de tipos de músicas que provocan una llamada y cambio de atención al niño. Se ponía unos cascos y, con una programación personalizada para ella, iba cambiando la música o los sonidos para estimular uno u otro aspecto de su cerebro. Aunque parece una actividad bastante pasiva, también la cansaba bastante, supongo que por hacer *trabajar* a su cerebro, y porque tenía que estarse quieta con los cascos durante dos horas, si no me equivoco. No lo aguantó mucho, aunque creo que le vino muy bien.

Reiki

Las terapias energéticas siempre me habían llamado la atención. Me parecía increíble que poniendo las manos sobre una persona y, sin tocarla, pudieras de alguna forma *equilibrarla*. Como andaba probando de todo un poco, y todo conllevaba desplazamientos y costes de las terapias, decidí hacer yo misma un curso de Reiki para poder resolver a cualquier hora los problemas de mi hija. Fue una antesala bastante útil para lo que vino después, aunque a mí personalmente no me acabó de gustar del todo, ¡quizás porque tuve la mala suerte de dar con una *maestra* que acababa de separarse y se tiró el ochenta por ciento de la formación recordando lo *cabrón* que había sido su ex! Todos somos humanos, pero por eso mismo debemos seleccionar mucho, muchísimo a los *humanos* que queremos nos sirvan de guías.

Shambhalla

Y aquí fue donde aterricé por fin. Conocí a Raquel Manotas, mi Maestra y gran amiga a estas alturas, a quien siempre estaré agradecida por abrirme el portón al camino más amoroso de mi despertar.

Si os habéis imaginado la típica *friki top zen* que va volada por la vida, ¡os habéis equivocado rotundamente! Raquel es de las que con su vozarrón te pega dos voces, dice alguna palabrota ¡y te pone en tu sitio en un santiamén! Ni mi madre me zarandeó tanto. Desde el principio supe que «esta era mi chica». Eso sí, me encantaba cuando decía: «Dudad de todo lo que os diga. Buscad vuestras propias respuestas».

Y eso hice. Descubrí con ella no una terapia, sino una filosofía de vida. Abrí mi corazón a lo que yo *pedí* allá al principio, en mi charla con el mismísimo Dios. Aprendí que todo parte de mi capacidad de AMAR INCONDICIONALMENTE. Y esa fue mi varita mágica desde entonces. Entendí que para sanar a mi hija, ya sea un dolor de cabeza o sus nervios apretujándole el estómago, solo tenía que canalizar ese amor expandido hacia ella y, con manos o no sobre la parte de su cuerpo que le gritaba, le mandaba todo mi amor para su sanación. A ella, a mis niños de equinoterapia, a mis amigos, animales, casa, seres que parten... y a todo aquel que me lo pida. Cuánto más amor doy, más recibo, más *soy* amor.

Ahora que ya os he introducido un poco en materia, como diría Raquel, «buscad vuestras propias respuestas», vuestra varita mágica para acompañar el camino de vida de vuestros hijos.

Medicar o entrenar, ¡esa es la cuestión!

Tal y como está el patio con todo el tema de las farmacéuticas (no vaya a ser que retiren mi libro de las tiendas al segundo día de publicarlo), en este capítulo me limitaré a contar mi experiencia sobre el tema. Creo que es una decisión casi tan importante y personal como si te preguntan «¿te quieres casar conmigo?».

Solo tú sabes la respuesta a esa pregunta...

Como ya mencioné antes, yo me crie en una granja, ¡aunque mis padres no eran granjeros! Mi padre era periodista y mi madre maestra y psicopedagoga. Ambos tenían un nivel cultural bastante alto, pero eran muy amantes de la vida simple, los animales y el campo, ¡a pesar de que mi padre no se acercaba a las ubres de una vaca ni aunque le pagasen por hacerlo! Jugábamos al escondite entre el maizal, nos bañábamos en un estanque, comíamos frutas del árbol, huevos de nuestras gallinas, leche, mantequilla y queso de nuestra vaca, y mi madre nos curaba prácticamente todo con hierbas y *mejunjes* raros *de la abuela*. Recuerdo que casi todo lo resolvía con árnica, aloe vera, tomillo y manzanilla. Ya daba igual si te lo untabas o te lo bebías. Si te dabas un golpe o te picaba una avispa (de esas había muchas), ungüento de árnica; si te hacías una herida, aloe vera que es cicatrizante (de adolescente también la usaba de mascarilla para el pelo);

si te resfriabas, vahos con tomillo; si te dolía la tripa, infusión de manzanilla. Y de cómo quitaba los tapones de cera del oído a mi padre, ¡mejor ni te cuento!

El caso es que crecí con la certeza de que en el campo tenía toda la medicina que podría necesitar. Bueno, hasta que, años más tarde, me quedé embarazada y descubrí lo que era un parto. ¡Ahí sí pedía a gritos que me pusiesen la epidural!

Lógicamente, con el tiempo vas integrando los productos de la farmacia en tu botiquín particular, pero siempre dejando hueco para el árnica, el tomillo, el aloe vera y la manzanilla. En mi casa, el paracetamol siempre fue la última opción. Hasta la fecha, mi hija no es capaz de tomárselo.

Según la pediatra de mi hija, la tenía que dar Rubifén (medicamento específico para el TDAH), pero el caso es que la psicóloga que diagnosticó a mi hija no estaba muy a favor de medicarla. Decía que trataba a muchos adolescentes con diferentes patologías como consecuencia de haber tomado este medicamento cuando niños, pues contiene metilfenidato, un psicoestimulante similar a las anfetaminas. Se les administra a niños hiperactivos, pues hace justamente el efecto contrario, les tranquiliza. La verdad es que no tuvo que hacer mucho esfuerzo para convencerme.

La cuestión es que no todos los profesionales opinan lo mismo. La pediatra de Alicia me estuvo echando tal bronca varios meses, y tanta fue la presión, que recuerdo en cierta ocasión haber salido de la consulta y pasado por la farmacia para comprarlo. Cada día, abría el cajón de mi mesilla donde lo guardaba, y me preguntaba: «¿se lo doy o no se lo doy...?», y no lograba dar el paso. Había algo dentro de mí que me frenaba, seguramente mis creencias, mi tomillo y mi manzanilla. Una prima psicóloga me llegó a decir un día que «tu hija el día de mañana te echará la culpa por no haberla ayudado como necesitaba». Puff... Y abría y cerraba el cajón cada día. Por fortuna, llegó el día en que caducó, ¡y lo tuve que tirar! Mala suerte...

El caso es que mientras abría y cerraba el cajón, iba probando otras cosas con las que estaba más familiarizada: Flores de Bach, suplementos de omega 3, L72, guaraná en cápsulas, Bacopa, luces de fotones, y no recuerdo qué más cosas homeopáticas. Cada una de ellas ayudó en su tiempo y medida a mi hija y a mí, pues podía seguir con mis creencias y ayudando a Alicia lo mejor que sabía hacer. ¡Hasta mi prima lo aceptó años más tarde! De hecho, fue ella la que me recomendó la Bacopa (¿se habría pasado al lado oscuro?).

Lo que sí tenía claro es que, si no la iba a medicar, mi esfuerzo tenía que ser doble, pues la tenía que entrenar para adquirir los hábitos que necesitaba para tener una vida *normal*. Como su mayor problema era la adaptación escolar, y como ya lo comenté en «*Mi historia...*», los juegos y las terapias alternativas fueron mi *puerta de atrás*.

Pero cada caso es un caso. Hay niños que realmente viven mejor con un refuerzo químico, ya sea por la gravedad de sus circunstancias, por el tiempo que le pueda dedicar su familia a buscar esa *puerta de atrás*, o simplemente por sus creencias personales. Lo único que sí pido a los padres que tengan que medicarles es que, en la medida de lo posible, luchen para que sus dosis sean las justas y necesarias y que estudien bien las contradicciones de estos medicamentos. Como diría mi abuela, «de nada nos sirve desvestir a un santo para vestir a otro».

Hace poco pude comprobar con uno de mis niños de terapia cómo eso es importante. Sebas es un niño que tiene lesión cerebral y que siempre ha demostrado una gran apatía e hipotonía muscular. Su esfuerzo para que pegara una patada a una pelota de espuma era casi imperceptible, hasta hace unas semanas atrás. De un día para otro, hasta nos miraba más a la cara, sonreía más y podía dar golpes de verdad a la pelota. Asombrada, les pregunté a los padres lo que había pasado. Le habían reducido a más de la mitad una de sus medicaciones (al poco tiempo se la quitaron del todo). Sebas ya estaba entre nosotros con todos sus sentidos. Se me saltaban las lágrimas de la emoción.

Como ya comenté antes, como cuentacuentos habré estado con miles de niños, de todas las edades. He recorrido muchísimos colegios de la Comunidad de Madrid, lo que también me permitió desarrollar un instinto y un olfato para los niños, digno de cualquier sabueso. Al terminar cada sesión, sabía exactamente *de qué pie cojeaba* cada niño, y si estaba medicado o no.

Normalmente mis cuentos eran bastante interactivos, por lo que les lanzaba cosas a los chicos, les llamaba a participar, cantábamos, bailábamos y les gastaba muchas bromas. Recuerdo que, en cierta ocasión, en un cumple, lancé un objeto a un niño que ni siquiera reaccionó, ni intentó cogerlo. Me miró apático, mientras otro niño cogió el objeto y dijo: «es que *fulano* es así, está ahí pero no hace nada».

Al terminar la sesión, no me aguanté y me acerqué a los padres a charlar con ellos. Muy naturalmente me comentaron que «sí, que estaba medicado, gracias a Dios. Antes no podíamos con él. Ahora está mucho más tranquilo y nosotros también». *Fulanito*, de cuyo nombre nunca me acordaré, ya no era ni *Fulanito*. Quizás por eso no recuerdo su nombre. Pero sí recuerdo su mirada, pues sus ojos vidriosos miraban no sé muy bien dónde. Por un tiempo hasta me sentí mal, pues pensé que quizás tenía que haber dicho algo a los padres, sugerir que hablasen con su pediatra para probar a bajar un poco la dosis, o lo que fuese.

Hoy por hoy, sé que a cada uno le toca vivir su vida tal y como tiene que ser, y que no puedo ser tan pretenciosa de querer arreglar la vida a nadie. No conozco el plan de vida de los demás y no me corresponde intervenir sin que me busquen o lo deseen. Yo cuento lo mío, y al que vibre con ello, como tú que has llegado hasta aquí en la lectura de mi libro, le podré contar mucho más. El que no, que siga su camino.

FAQs

En la mayoría de los talleres que imparto en los colegios, las preguntas casi siempre son las mismas. He querido reunir aquí algunas de las más comunes, por si te sirven de algo.

¿Cómo puede una madre trabajadora compaginar el «ayudar a su hijo» con su trabajo? No me da tiempo.

Ya... es complicado, pero no imposible. Por eso hoy te comparto todo lo que hice, para que a ti te sea algo más fácil, para que puedas ir a *tiro hecho* y no enredar tanto como hice yo. Todo lo que hagas estará bien hecho. Si haces un 5 % de todo lo que te cuento, ya será maravilloso para tu hijo. Si él te ve la intención, te facilitará el camino. Delega, haz partícipe también a tu pareja, pues también es responsabilidad suya.

Integra en tu vida todo lo que puedas de lo que te he dicho, intenta crear hábitos tanto para ti como para él. Ya con eso le estarás ayudando. Si no te da tiempo para hacer los juegos, por ejemplo, busca otros similares en el mercado y cómpralos. Si no, hazlos en vacaciones o puentes.

Pero recuerda, la herramienta más importante siempre será tu relación afectiva con él. *Amor, amor y más amor.*

¿Cómo gestionar el exceso de atención a un hijo y no desatender al hermano?

Repartiendo el trabajo con tu pareja. Eso es fundamental. Un día le cuentas un cuento a uno mientras tu pareja se lo cuenta al hermano, y al día siguiente al revés. Intenta que los dos tengan actividades extras, pon en tu rutina un tiempo para cada uno.

En mis sesiones con los caballitos, siempre que veo que les acompañan los hermanos, busco huequitos o cinco minutillos al final de alguna sesión para subir al hermano a dar una vuelta también con «Gitano». A veces les hago partícipes en la sesión haciendo que le tiren una pelota, o me acompañen, o se suban con ellos. Y eso les hace sentirse importantes y *responsables* por su hermano, además de reforzar la relación entre ambos.

Aquí quisiera hacer un paréntesis (sí, ¡otra vez!) para hablar de ellos: he visto gestos maravillosos y he llegado a llorar de emoción al ver ciertas actitudes de dichos hermanos. Vale, a estas alturas ya te habrás dado cuenta de que soy de las de lagrimilla fácil. Les admiro, pues también sus almas *pactaron* antes venir a este mundo con las almas de sus consanguíneos. Todavía no he conocido un solo niño «diferente» que no tenga un hermano «especial». Son almas cuidadoras que velarán por ellos el resto de sus vidas.

Me vienen a la mente cientos de historias vividas entre mis hijos. Al menos en mi caso, cuando yo *no podía más*, muchas veces era Adrián quien asumía el mando. Tuve claro que él cuidaría de Alicia cuando fuera necesario desde que él tenía ocho años y ella tres: era Navidades y los niños tenían que ir disfrazados al colegio. Pero no valía cualquier disfraz, no. En el reparto de disfraces, a mi hija, que entonces no se quitaba su corona y su traje de princesita, le tocó ir de pastorcilla. Como no encontré ningún disfraz de *princesa pastorcilla*, le quise poner uno normal, y no había formas. Yo tenía que ir a trabajar, se nos hacía tarde, mi hija pataleando, ¡y el disfraz no entraba ni con cuchara! Empecé a ponerme nerviosa, pues veía que llegaría tarde a todas partes, y sin plantar un borreguillo a la niña. Adrián, vestidito de Papá Noel solo observaba la dramática escena desde la puerta. De repente, se acercó, le cogió su bolsito de lana de pastorcilla y con su mejor sonrisa le dijo: «Ali, si te pones el disfraz junto con este bolsito, ¡los duendes de Papá Noel te lo llenarán de chuches!». Punto final. Alicia le miró feliz, y se puso el dichoso traje. Me quedé *caraculo* viéndoles salir por la puerta: Papá Noel llevando de la mano a la pastorcilla *tocapelotas*.

Y así son los hermanos.

Por eso, ¡no les descuides jamás! Son angelitos caídos del cielo que vienen a ayudarte en tu misión de vida. Ellos sí se merecen todos los besos, abrazos y chuches que puedan traer Papá Noel y sus duendes. Una vez más, refuerzo afectivo a ellos: besos, abrazos y achuchones. Solo tienen que saber que les quieres.

¿Cómo lograr el autocontrol para no gritarle?

¡Practica la PACIENCIA! Ese será tu único objetivo hasta que se vayan de casa, y ya no se van a los dieciocho, te lo digo yo. ¿Cómo?

1. Respira.
2. Cuenta hasta 10, 20, 30... ¡o 100!
3. ¡Medita!
4. Habla con tono firme pero *no* alto, y hazlo despacio.
5. No le insultes, habla siempre en positivo.

Hay otra cosa que nos pasa a todos los adultos, que es que cuando estamos estresados por lo que sea —a lo mejor ni tiene que ver con nuestros hijos—, a la mínima que se les cae algo al suelo o estornudan, ya les estamos regañando. A lo mejor la trastada que acaba de hacer ni era tan apoteósica, pero *hala...* has hecho que lo pareciera. O sea, que el problema lo tienes *tú* y no él. La histérica eres *tú*, o la maniática por el orden eres *tú*, o a quien le molesta que haga eso *así* y no *asao* eres *tú*, aunque el resultado puede ser igualmente válido. Así que, aprende a relajarte. Sé flexible, no importa si hay cosas que no las hacen como tú quisieras, el caso es que las hagan, aunque sea media hora más tarde. *Desestrésate*, sal a bailar con tu pareja, haz boxeo, natación o lo que te dé la gana. Pero asume cuando el *problema* lo tienes tú.

Y si ya no puedes esperar más, usa el truco de amenazar con contar hasta tres.

La verdad es que nunca entendí muy bien el porqué, pero eso ¡acojona! A veces ni siquiera dices qué pasará después del tres, pero ellos intuitivamente saben que no será nada bueno, ¡y salen por patas a cumplir tu orden! Y no es de hoy, pues recuerdo que cuando era pequeña, a mis hermanos y a mí nos pasaba lo mismo. Mi madre decía: «¡voy a contar hasta tres...!», y salíamos los cuatro recogiendo los juguetes y lo que hiciera falta.

Qué le digo al profe cuando me dice «no puedo ocuparme de tu hijo cuando tengo otros 24 niños en clase...»

Aquí es donde le sacas el decálogo que sugiero en la práctica 11. Si no funciona, te presto algunas frases mías:

> Si fuera tu hijo el que tuviera un *problema*, ¿a ti no te gustaría que su profesor le diera algo más de atención y te ayudara a resolverlo?

> Y de esos 24 niños, ¿cuántos necesitan una atención especial? ¿Dos, tres? ¿Pues no le podrías dedicar a esos dos o tres algo más de atención?

> Solo te pido que de vez en cuando le preguntes: ¿lo has entendido, *Pepito*? Y que te diga lo que ha entendido. Son tres segundos... de las cinco horas que pasa aquí.

Y ya si toca sacar artillería pesada:

> Si mi hijo tuviera un brazo escayolado, le darías más atención porque visiblemente la necesita, ¿verdad? Eso quiere decir que, ante una necesidad, sacarías tiempo. Pues el tiempo que necesita de ti es el mismo, y la necesidad también, aunque su *problema* quizás no sea tan visible.

Es una variante más sutil que el ejemplo del niño cojo.

Aquí quisiera hacer otro de mis paréntesis. Yo nunca he visto las circunstancias de mi hija como un «problema», aunque sí he usado esta palabra con algunos profes para que me entiendan y empaticen conmigo. Como diría Rafa, su psicólogo, «son sus circunstancias», y estas no encajan con las del resto de la clase. Por eso es «diferente». Creo incluso que el *problema* lo tienen los que no saben tratarla, no ella.

Otro ejemplo: mi vecina del sexto. No puede ver a mi hija sin regañarla. Además, les va diciendo a todas las vecinas que es una maleducada, pues nunca saluda. Si va con sus amigos y estos sí la saludan, dice: «Ves, ¡tenías que aprender de tus amigos!».

Lo que esta señora no recuerda es que, cuando era pequeña y se subía en el ascensor con nosotros, si entraba ella, se escondía detrás de su padre o de mí ¡por vergüenza! Le daba pánico hablar con desconocidos, o que estos se metiesen con ella sin saber si le gustaban o no las tonterías que estaban diciendo, como «andáá, ¡si te ha salido un gusano por la oreja!», o cuando le hablaban demasiado fuerte.

A ver, señores mayores: no a todos los niños les gustan estas estupideces. Un poquito de respeto, por favor. Y si no, que me expliquen, ¿por qué a Charo, mi vecina de enfrente sí la saluda? Pues porque siempre ha sido amable y cariñosa con ella, le daba chuches, la invitaba a pasar a su casa a ver a su loro, *entraba por la otra puerta* a su mundo. Y mi hija la adora.

La vecina del sexto jamás me preguntó si le pasaba algo, directamente la juzgó y la condenó.

Los niños no salen de un mismo molde todos, y no vienen con manual de instrucciones. Así que, ni podemos tratarles a todos igual, ni podemos imponerles unas normas porque sí, porque alguien dijo que tenía que ser así. Es verdad que el hecho de hacerlo nos facilita la vida a todos, incluso a ellos, y por eso lo hacemos. Pero, siendo así, lo mínimo que tenemos que intentar es que lo entienda, lo asimile y lo practique sin dolor ni lágrimas. De forma amorosa y dándole todas las justificaciones habidas y por haber.

No cuesta tanto...

Misión cumplida

Y un bonito día de verano, mi hija, después de dos meses intensos de hincar los codos, llorar, dramatizar, gritar en alto «por qué me pasa esto a mí» por haber suspendido tres asignaturas, me llama al trabajo al salir de su último examen de recuperación y me dice:

—Mamá, ¿sabes qué? Todo esto me ha hecho darme cuenta de que tengo que cambiar. Solo de pensar que podía perder un año de mi vida aguantando de nuevo a los mismos profes, ¡me ha dado un *yuyu*! Así que este curso quiero organizarme mejor, voy a estudiar más y de paso a cuidarme más, hacer ejercicio, ser más ordenada, más sociable, fregar los platos... —Bueno, quizás este último no lo haya dicho, es probable que haya sido fruto de mi imaginación, ¡que cogió carrerilla!

En este momento, agradecí que todos mis compañeros de departamento estuviesen fuera o de vacaciones, ¡pues se me cayeron un par de lagrimones como dos puños! Apreté los dientes, tragué saliva y, como si nada, le contesté con toda la naturalidad que me fue posible expresar en este momento:

—Hija, ¡qué alegría! Me alegro mucho por ti. ¡Ya sabes que yo te apoyaré en todo lo que hagas! Cuando llegue a casa celebraremos el principio de tu nueva etapa. Ahora te dejo, pues tengo que trabajar, ¿ok?

Al colgar el teléfono, tuve la sensación de oír de fondo la música *Oh happy day* y, aprovechando que estaba sola, me marqué una de esas ridículas coreografías de victoria, mientras daba brincos por el despacho.

Un día inolvidable, sin lugar a dudas.

Ni qué decir que así fue. Bueno, quizás no exactamente, más en intención que acción, ¡pero igualmente válido! Y mi hija aprobó el curso. En realidad, no solo este, sino todos los anteriores y posteriores también, contra todo pronóstico. Terminó la ESO, hizo un grado Medio y un Grado Superior *sin repetir un solo curso,* y cuando ya me daba por satisfecha, me dice:

—Mamá, quiero ir a la universidad.

Ahí es cuando te tiembla un ojo, miras a los lados a ver si alguien lo está grabando para gastarte una broma, y cuando ves que no, ¡te derrites!

Hoy, mi hija es feliz y tiene toda su vida planificada: estudiará hasta llegar a ser inspectora de policía, viajará a Italia y ganará mucho dinero para poder comprarse un Ferrari rojo y un caballo (oye, nunca se sabe).

Me encanta verla soñar con su futuro. ¡Sabe que *lo tiene!*

Mi hija sigue siendo *más rara que un perro verde,* según la vecina del sexto. No habla con extraños, ¡a menos que se le obligue! Sigue siendo desordenada y sentándose en el mismo lado del sofá que siempre, al igual que *Sheldon Cooper*... Pero tiene las cosas claras, se quiere tal y como es y no le importa lo que piensen los demás. Ha logrado superar todas las barreras de los estudios y bloqueos emocionales, es constante, luchadora, inteligente, alegre, divertida (bueno, los dos últimos solo lo afirmarían sus amigos de confianza y la familia más directa). ¿Qué más le puedo pedir a la vida?

Qué sensación de misión cumplida, de «han valido la pena todos estos años de esfuerzo». Pero lo mejor de todo es ¡sentir su gratitud en cada abrazo que me da!

Soy una madre afortunada pero ahora con una gran misión: contarle a otras madres y padres que...

¡eso es posible!

Un último recordatorio:

¡Educa con AMOR, CREATIVIDAD y con el niño o la niña que llevas dentro!
JUEGA...

Nota final

He terminado de escribir este libro a finales de abril, en plena crisis mundial causada por la COVID-19. El día 19 de marzo salí de España en dirección a Brasil. Allí me esperaba mi hermano Ricardo, a quién había hecho una donación de médula en septiembre del año anterior a causa de una leucemia y que ahora necesitaba un «chute extra» de mis células.

¿Por qué cuento esto? Porque quisiera demostrar la diferencia entre vivir con el foco en el medio vaso vacío y vivir desde la GRATITUD y el pensamiento positivo.

Causalidades de la vida, cogí el último vuelo antes de que cerrasen los aeropuertos en Madrid. Un día más tarde y no podría haber ido. Por causa del coronavirus, no pude ir directamente al hospital y tuve que guardar cuarentena aislada de todos. Tampoco podía ir a casa de mis padres por no ponerles en riesgo por su avanzada edad. Pero como soy la persona más AFORTUNADA DEL MUNDO, y con unos amigos que, aunque no me vean en años siguen ahí al pie del cañón, todo ocurrió de forma armoniosa y maravillosa...

Mi «hermamiga» Bibi me consiguió un piso totalmente vacío de su hermana, ya que se acababan de ir los inquilinos; entre ella y mi otra «hermamiga» Elaine me abastecieron de comida para los primeros días; además de estos dos ángeles, la madre de Bibi y otros amigos me fueron trayendo poco a poco todo lo que necesitaba para mi estancia: un camping gas, una neverita, un colchón ¡y hasta una tarjeta SIM para que tuviera internet! Como tenía que evitar el contagio, la madrina de mi hermano, Carmen, que siempre me trató como a una hija más, me enviaba por Hans (su marido) cada dos o tres días la comida para este tiempo... bueno, para mí y para el resto del edificio, ¡en realidad! Y todos los días tenía TIEMPO para hablar con mi hermano, con mi madre, con mi hija y con mi pareja. Todo un lujo que hace unos meses atrás no era posible, al menos con mi hermano y mi madre, por mi ritmo de vida de los últimos meses.

Era tanto AMOR lo que sentía por todas las personas que me rodeaban, que no había hueco para la tristeza ni el dolor, ni siquiera por pasar mi cumpleaños sola o por no poder ir al entierro de mi padre, que murió a la semana de iniciar mi confinamiento en Brasil.

Hoy, ¡solo puedo ver el MILAGRO de esta experiencia!

Salir de España justo antes de que cerrasen los aeropuertos, tener tantos amigos que me arropasen, estar cerca de mi madre cuando más lo necesitó, tener tiempo para terminar este libro, hacer «terapia por teléfono» a mi hermanito TODOS LOS DÍAS (tanto él a mí como yo a él) fue una de las experiencias más enriquecedoras de mi vida. Y solo podía resultar en un MILAGRO. Pasada la cuarentena, con las maletas en la puerta, lista para ir al hospital, me llama mi hermano y me dice: «Hermanita, ya no hace falta que vengas. Dice la doctora que ya estoy mejor».

Y lloré. Lloré hasta que ya no tuve más lágrimas, pero no por todo lo que había «sacrificado», sino por todo lo que había GANADO. Y me sentí la persona más afortunada del mundo. La gratitud que tenía en mi corazón era tan grande, el premio por haber llegado a este estado de plenitud donde solo ves el lado bueno de las cosas, no podía ser más perfecto: la sanación de mi hermano. Y no me refiero a su leucemia, sino a las heridas de su alma... Antes de enfermar, no creía en nada, como buen ingeniero que era. Con su enfermedad, cambió su ritmo de vida, empezó a dar más valor a los tiempos en familia, empezó a ser más espiritual, practicar terapias energéticas y leer sobre filosofías de vida más positivas que le hacían sentirse mucho mejor.

Esa actitud suya nos dio dos años más de vida con él. Al partir, me dejó dos grandes regalos... sus hijas, que vinieron a vivir conmigo. Y cada día le agradezco por ello, pues son dos seres maravillosos que llenan de luz y de alegría mi vida. ¿Si le echo de menos? Obvio. Pero fue un gran Maestro también para mí. Aprendí a crear la realidad que yo quería, ya que ser su donante parecía imposible. Nos habían dicho que al haber sido madre, era muy difícil que nuestras células fuesen compatibles. Lo fueron al cien por ciento. Y ganamos ese tiempo extra, donde pude presenciar la transformación de su alma. Luego, me enseñó a aceptar el Plan de Vida de cada uno, *a entender que el «Tempo de Dios» es perfecto... A superar una noche oscura del alma, donde abandonas todo lo que crees para vivir tu dolor. Y por último, me enseñó la eternidad del alma, esa que jamás dejará de estar entre los seres que ama.*

Así que, perdonadme que termine este libro mandando a tomar viento (por ser educada) a todas las personas que pasan sus días quejándose de la vida que tienen, de sus hijos o de su pareja, del gobierno o de la madre que les parió. ¡NO TIENEN NI IDEA de lo afortunados que son! Fijan su mirada en la oscuridad del exterior y no se dan cuenta del propio brillo que tienen oculto en su interior.

Yo, a partir de hoy, asumo mi responsabilidad como LUZ que soy de guiar a los que quieran salir de esta oscuridad.

Yo, a partir de hoy, asumo mi responsabilidad como AMOR que soy para amar a todos los que se acerquen a mí, niños, papás o cualquier otra persona que me necesite.

Gracias, gracias, gracias...

Libros recomendados y otras fuentes

Aguirre, S. (2017). *Algún día no es un día de la semana*, La Esfera de los Libros, Madrid.
Alonso Puig, M. (2010). *Reinventarse*, Plataforma Editorial, Barcelona.
Barbosa, A. B. (2021). *Mentes Inquietas: TDAH: desatenção, hiperatividade e impulsividade*, Globo Livros, São Paulo.
Escudero, J. (2018). *¿Por qué decimos mindfulness cuando queremos decir meditación?*, Editorial Isthar Luna Sol, Madrid.
Gallego, I. (2019). *Vivir en ¡gratitud! Cómo ser agradecido y cambiar tu mundo*, Editorial Isthar Luna Sol, Madrid.
Jiménez, M. (2018). *Tan solo... respira*, Editorial Isthar Luna Sol, Madrid.
Vitale, J. (2014). *En el cero*, Obelisco Edición, Barcelona.

https://psicologiaymente.com/coach/principios-pnl-programacion-neurolinguistica
https://muysaludable.sanitas.es/salud/fases-ciclos-sueno/
https://yogapositiva.com/que-significa-om/
https://educacao.uol.com.br/noticias/2009/08/25/linhas-pedagogicas-veja-como-elas-funcionam-e-qual-tem-mais-a-ver-com-seu-filho.htm
https://www.clubfamilias.com/es/beneficios-musicoterapia
https://www.etapainfantil.com/yoga-infantil
https://www.tomatis.com/es/informacion-basica
https://www.youtube.com/watch?v=u9zoy9oeVTk
https://www.youtube.com/watch?v=TpJht6iL2Ug